MW01711170

*Manual del líder*

# 2
# Éxito en el liderazgo

Colección «PROYECTO»
49

Anthony D'Souza, SJ

# *Manual del líder*

# 2
# Éxito en el liderazgo

Editorial SAL TERRAE
Santander

La obra completa «Manual del líder»
comprende tres volúmenes:
1. Descubre tu liderazgo
2. Éxito en el liderazgo
3. Liderazgo efectivo

Título del manuscrito inglés:
*Leading Others*
Publicado en portugués:
*Liderar*

© 1996 by Edições Loyola
São Paulo, Brasil
Traducción:
*Augusto Aimar*
Revisión para esta edición:
*Gregorio de Pablos*

© 1998 by Editorial Sal Terrae
Polígono de Raos, Parcela 14-I
39600 Maliaño (Cantabria)
Fax: 942 369 201
E-mail: salterrae@salterrae.es
http://www.salterrae.es

Con las debidas licencias
*Impreso en España. Printed in Spain*
ISBN: 84-293-1243-9
Depósito Legal: BI-18-98

Fotocomposición:
Sal Terrae - Santander
Impresión y encuadernación:
Grafo, S.A. - Bilbao

# Índice

# *Introducción*

Todos admiramos a las personas que destacan, que logran éxito en su trabajo, que cumplen a tiempo sus compromisos y hacen la vida agradable a todos. Piensa en ese tipo de líder. ¿Te gustaría ser así?

Puedes serlo, ciertamente.

¿Lo has experimentado? El liderazgo puede parecer un don especial venido del cielo. Has conocido a personas que, aunque hacen su trabajo estupendamente, no tienen la menor idea del motivo por el que ejercen tan bien el liderazgo. Pero son muy raros los líderes de este tipo.

La mayoría de los líderes eficientes saben dos cosas: primero, que, cuando empezaron a liderar a otros, no hacían ya su trabajo de forma excepcional; segundo, que todos ellos *han aprendido* a liderar, y muchos sólo después de cometer una serie de errores.

¿Quieres liderar a personas? Este libro te puede ayudar. También espero que aprendas cómo *no* hacerlo. En cierto sentido, «liderazgo» significa sensibilidad para con las necesidades de las personas que trabajan bajo tu autoridad. Incluye también conciencia de tu responsabilidad para con quienes están por encima de ti. El liderazgo te coloca justo en medio, ¡y el líder eficiente es capaz de satisfacer a ambas partes!

Después de estudiar este libro, espero que tengas mayor confianza en tu propia capacidad o en tu potencial para liderar.

Jesucristo resumió todo su Evangelio en dos mandamientos. Nos dice que todo consiste en amar a Dios sobre todas las cosas, y a nuestro prójimo como a nosotros mismos. El liderazgo eficiente sigue estos dos mandamientos. En este libro intento explicarlos y recurro a ellos como principios básicos, mostrando cómo funcionan en la vida de cada día, aunque no haga referencias bíblicas. Pero exponerlos simplemente no muestra cómo funcionan en las relaciones cotidianas entre las personas.

*El gran problema*, que a mi parecer impide poner en práctica estos dos mandamientos, viene de la concepción del «do ut des» (literalmente, «te doy para que me des»). Muchos líderes en potencia trabajan de acuerdo con el siguiente principio: «Haré algo por ti si tú haces algo por mí». La persona beneficiada tal vez no tenga que pagar el favor inmediatamente, pero quien dio con amplitud espera que algún día le llegue el pago por todo lo que hizo. La compensación puede venir en forma de utilización de la influencia del beneficiado, o del conveniente «olvido» de alguna política empresarial. El hecho es que quien hoy da, mañana volverá para recibir.

Ésta no es sólo una práctica común de liderazgo en nuestros días, sino que se considera como una forma bastante inteligente de progresar en la vida. Por desgracia, va contra el doble mandamiento que Jesús nos dejó.

Yo quiero ayudar a formar líderes, personas buenas que valoren a los demás y los traten como a personas. O, hablando en términos bíblicos, que trate a los demás como le gustaría que le tratasen a él.

*Progresar en la vida* o convertirse en una persona con éxito, independientemente de la apariencia externa que la persona pueda tener, es algo que sólo se hace realidad en quienes aman a Dios y a sus semejantes del mismo modo que se aman a sí mismos.

Si deseas llegar a ser un líder eficiente, ten siempre en tu mente, al realizar tu trabajo, los dos principios básicos que Jesús nos dejó.

# 1
# Dinámica de grupo

Piensa en la palabra *dinámica.* ¿Qué tipo de imagen te trae a la mente? ¿Piensas en poderes?, ¿en habilidades? Tal vez la palabra te recuerde la dinamita.

Los especialistas de gestión combinaron *dinámica* y *grupo,* y la combinación adquirió un nuevo significado. Cuando se reúnen varios individuos, desarrollan una «dinámica de grupo», y entre ellos se produce una gran variedad de interacciones y experiencias comunes. Tienen una vida como grupo, se convierten en «dinámicos». Cuando una persona se vincula a un grupo —para estudiar, programar planificaciones, divertirse... o simplemente por amistad—, se convierte en parte vital de ese grupo. El tipo de grupo que resulte y la dinámica que se produzca dependen de la interacción de sus miembros.

Todos hemos tenido experiencias de grupos. Conocemos grupos pequeños (como la familia) y grandes (como las escuelas, las instituciones y las organizaciones). Mucha gente no percibe que los grupos tienen etapas de crecimiento y de maduración, más o menos lo mismo que los individuos. Para que un grupo madure necesita una considerable cantidad de tiempo, de experimentación, de comunión, de vida y de trabajo en común.

¿Recuerdas la primera vez que participaste en un grupo? ¿Cuándo empezaste en aquel grupo que terminó gustándote tanto? La primera vez que te reuniste con los otros, especialmente si no conocías a ninguno de ellos, probablemente algunas cosas te parecieron extrañas y hasta te mostraste un tanto desconfiado. Después, al ir intercambiando experiencias con los otros y conociéndolos mejor, descubriste que las personas te aceptaban y que también tú colaborabas con el grupo.

Pasado algún tiempo, llegaste a sentirte libre para expresar tus opiniones y más dispuesto a aceptar las de los demás. Tanto tú como los demás miembros llegasteis a interesaros no sólo por las tareas que teníais que realizar, sino también por el bienestar y los sentimientos de los otros. Claro está que para llegar a eso necesitasteis tiempo y mucho esfuerzo consciente por parte de todos.

Pensando en las buenas experiencias que tuviste en aquel grupo, considera varias preguntas que te ayudarán a juzgar tu nivel de participación y, al mismo tiempo, en qué medida ayudaste al grupo a realizar su tarea. Todas estas preguntas te llevarán a dar respuesta a esta única cuestión: ¿cómo me veo como miembro del grupo?

* ¿Formulé preguntas hasta poseer toda la información necesaria que me permitiera convertirme en un miembro más productivo del grupo?
* ¿Intenté aclarar o interpretar las aportaciones de los otros, hasta que todos llegamos a entender todo mejor?
* ¿Presenté nuevas ideas, actividades, procedimientos?
* ¿Presenté evaluaciones y sugerencias constructivas cuando era necesario?
* ¿Ayudé a disminuir las tensiones dentro del grupo y a crear una mejor comprensión entre los miembros?
* ¿Capté bien los objetivos del grupo y le ayudé a mantenerse en el camino correcto?

## EJERCICIO: Comportamiento del grupo

### ANÁLISIS DE MI COMPORTAMIENTO EN LOS GRUPOS

Señala en cada escala la nota que te das a ti mismo respecto a tu tipo de comportamiento en el trabajo con tu grupo.

1. Esfuerzo por fomentar mis propias ideas: influir en los otros.

   1 2 3 4 5 6 7

2. Apertura y franqueza al expresar mis verdaderos sentimientos.

   1 2 3 4 5 6 7

3. Escuchar, usar y mejorar las ideas de los otros.

   1 2 3 4 5 6 7

4. Ser consciente de los sentimientos de los otros miembros del grupo, incluso cuando no los expresan abiertamente.

   1 2 3 4 5 6 7

5. Mi reacción frente al potencial de conflicto existente en el grupo.

   1 2 3 4 5 6 7

6. Extensión de mi confianza en los otros miembros del grupo.

   1 2 3 4 5 6 7

7. Deseo de mantener un modo de relación cálido, bastante cercano y lleno de afecto con todos los miembros del grupo.

   1 2 3 4 5 6 7

8. Capacidad de aceptar el rechazo de mis ideas y las críticas a mi comportamiento.

   1 2 3 4 5 6 7

9. Dar incentivo, apoyo y aprecio a los otros miembros del grupo.

   1 2 3 4 5 6 7

*Preguntas adicionales*

A. ¿Cuál es tu punto más fuerte como miembro del grupo? ¿En cuál de las nueve dimensiones señaladas aportas más, por lo general, al grupo?

B. ¿Qué cambio en tu comportamiento habitual mejoraría más significativamente tu eficiencia como miembro del grupo? ¿En cuál de las dimensiones, en qué dirección, y en qué cantidad consideras deseable cambiar?

Emplea también esta escala para dar nota a los demás miembros del grupo, como lo has hecho contigo mismo. Examinad luego, en grupos de cuatro a seis personas, los resultados de las escalas. Al final, todos debéis comparar vuestras notas.

## Lo que debemos observar en los grupos

Aunque todos pasamos parte de nuestra vida en varios grupos, como la familia y el ámbito laboral, rara vez nos detenemos a observar lo que acontece dentro de los grupos, o por qué los miembros se comportan de una determinada manera. He aquí algunas cosas que debemos observar:

### *Contenido versus proceso*

El contenido se refiere a aquello sobre lo que se habla en los grupos. Las personas se concentran en los procesos del grupo cuando observan cosas como:

* el modo en que los líderes tratan la presentación de los temas;
* la manera en que los grupos reaccionan ante los líderes;
* el modo en que los grupos manejan la comunicación (es decir, quién habla, cuánto habla, con qué frecuencia, qué estilo de comunicación usa: afirmaciones, preguntas, tono de voz, gestos...).

Cuando los grupos consideran sus situaciones «internas», la mayor parte de los tópicos enfatizan el contenido. Y vienen a la mente las preguntas que los líderes tienen que hacerse a sí mismos, como:

* ¿Qué es un buen liderazgo?
* ¿Cómo puedo motivar a mis empleados?
* ¿Qué puedo hacer para que las reuniones sean más eficientes?

Éstas son cuestiones del «momento», preocupaciones más relacionadas con los líderes y que no comprometen directamente a los grupos. Si se centran en los procesos del grupo, los líderes consideran lo que sus grupos hacen en el «momento» y cómo trabajan en los actuales procedimientos y organizaciones.

Considerar el proceso es verificar lo que acontece dentro de los grupos. Los líderes eficientes aprenden a observar los procesos del grupo examinando sus patrones de comunicación. Las preguntas que se hacen son:

1. ¿Quién habla? ¿Durante cuánto tiempo? ¿Con qué frecuencia?
2. ¿A quién miran las personas cuando hablan? ¿Se centran en individuos concretos o defensores en potencia? ¿Pasean su mirada por todo el grupo? ¿No miran a nadie?
3. ¿Quién habla después de quién? ¿Quién interrumpe a quién?
4. ¿Qué estilo de comunicación usa preferentemente (declaraciones, preguntas, tono de voz, gestos...)?

La observación proporciona pistas que llevan a otras cosas importantes que ocurren en el grupo, como quién lidera, o quién tiene influjo en el grupo.

## EJERCICIO: Método de crítica

Este ejercicio comprende tres pasos. Primero, una persona funciona como Observador y no tiene papel activo. Segundo, después del ejercicio viene una auto-evaluación, hecha por un líder, de la «práctica» del grupo. Esta persona puede ser escogida por el líder efectivo o por el mismo grupo. Tercero, el «feedback» del grupo. Cada evaluación trata de describir las actuaciones individuales, sin intentar diagnosticar las motivaciones de los demás (generalmente no las conocemos). Durante el desarrollo del ejercicio, los miembros observan las actuaciones de los demás. Nadie hace comentario alguno a lo que se dice en la evaluación y en el «feedback».

*A. Crítica del observador*

El observador no participante supervisa la sesión y luego informa al grupo sobre el uso del tiempo, la participación del grupo, la utilización de preguntas abiertas y cerradas, la atención a las respuestas y el contacto directo de las miradas. El observador hace también evaluaciones personales sobre el uso de las técnicas y los pasos recomendados.

*B. Auto-evaluación por parte del líder del grupo*

El líder del grupo analiza su concepción de sí mismo y pregunta: «¿Quién soy yo?» Por el auto-examen de la manera en que los demás reaccionan ante su comportamiento, el líder puede verse a sí mismo como:

Pasivo. . . . . . . . . . . . . . . . . . . . . . . . . . Activo
Atropellador. . . . . . . . . . . . . . . . . . . Colaborador
Líder. . . . . . . . . . . . . . . . . . . . . . . . . . . Seguidor
Adecuado. . . . . . . . . . . . . . . . . . . . . Inadecuado

Al traer eso a su atención consciente, el líder tiene la oportunidad de cambiar los comportamientos que antes no sabía que manifestaba, aunque otros lo supiesen. Al conocer sus comportamientos menos deseables, el líder puede aprender a modificarlos o a controlarlos.

*C. «Feedback» del grupo*

De uno en uno, los miembros van diciendo a los demás cómo se sienten acerca del comportamiento individual o del grupo.

## Evaluación de las sesiones de práctica

En el proceso de evaluación, los líderes necesitan tener en cuenta lo siguiente:

1. La mayor parte de los miembros piensan en el contenido, no en los procesos y técnicas.
2. La tendencia a dominar, por parte del líder, está firmemente arraigada en la naturaleza humana.
3. No dejar de mencionar los aspectos y actuaciones buenas del líder de la práctica.

Después de las críticas del observador, se pide al líder de la práctica del grupo que comente primero su propia actuación. Se pueden utilizar preguntas como éstas:

* ¿Cómo te sientes respecto a esta reunión del grupo?
* ¿Cómo te parece que fue la reunión?
* ¿Qué pasos o técnicas recuerdas haber usado?
* ¿Cuál ha sido el resultado, a tu parecer?
* ¿Cómo juzgas la participación del grupo?
* ¿Qué harías de otra forma la próxima vez?

Como último paso, el líder del grupo pregunta a los miembros:

* ¿Cómo os habéis sentido en esta reunión del grupo?
* ¿Cómo os habéis sentido respecto al modo en que el líder de la práctica desarrolló su participación?
* ¿Cuál fue el clima que prevaleció en la reunión del grupo?
* ¿Cómo se comportó el líder de la práctica en el acompañamiento de los pensamientos más importantes?
* ¿Qué piensas y cómo te sientes en síntesis?
* ¿Tienes algún otro comentario o sugerencia que hacer?

## Comportamiento emocional en los grupos

Son muchas las fuerzas que perturban el trabajo conjunto y que se transforman en corrientes emocionales en la marea de la vida del grupo. Esas cuestiones subyacentes producen una serie de comportamientos emocionales que interfieren en el funcionamiento efectivo del grupo. Los líderes eficientes nunca dejan esto de lado. Saben que, si detectan bien esas corrientes emocionales, pueden comenzar a entender sus motivos. Según va actuando el grupo, el líder puede crear las condiciones que canalicen esas mismas energías emocionales para convertirlas en fuerzas productivas.

### ¿CUÁLES SON LAS CAUSAS SUBYACENTES?

*1. El problema de la identidad*

Los miembros preguntan: ¿Quién soy yo en este grupo? ¿Dónde encajo? ¿Qué comportamiento puede ser considerado aceptable?

*2. Problema de los objetivos y necesidades*

¿Qué deseo yo del grupo? ¿Pueden los objetivos del grupo conjugarse con los míos? ¿Qué tengo yo para ofrecer?

*3. Problema del poder, del control y de la influencia*

¿Quién controlará lo que hacemos nosotros? ¿Cuánto poder e influencia tenemos nosotros?

*4. Problema de la intimidad*

¿Hasta qué punto podemos aproximarnos los unos a los otros? ¿Con qué intimidad? ¿Cómo alcanzar un nivel más elevado de confianza?

Si los grupos no resuelven los problemas, éstos no desaparecen por sí mismos. Por lo general, se agravan. Si las cuatro áreas que acabamos de mencionar no se solucionan bien, he aquí los tipos de problemas que resultan:

*1. Dependencia-contradependencia*

Los individuos se apoyan u oponen resistencia a los otros miembros del grupo que representan la autoridad.

*2. Luchas y control*

Los individuos intentan dominar y hacer las cosas a su modo, sin respetar la realidad de los otros.

*3. Abandono*

Los miembros tratan de eliminar las fuentes de sus sentimientos de malestar abandonando psicológicamente el grupo.

*4. Formación de subgrupos*

Buscan dos o tres miembros que los apoyen y forman subgrupos emocionales, en los que esos miembros se protegen y se apoyan unos a otros.

Éstas son sólo algunas de las cosas que los observadores ven en los grupos. Más importante, sin embargo, es que necesitan reconocer otros factores, por ejemplo, lo que el grupo está haciendo y las necesidades de sus miembros. El punto más importante para el líder es que debe mejorar sus habilidades mediante la observación de lo que acontece en el grupo. De esa forma tendrá lo que necesita para comprender al grupo y trabajar eficientemente con sus miembros.

## EJERCICIO: Interacción del grupo

Acostumbrados a decidir todo ellos solos, algunos líderes tienen dificultades para trabajar en grupo. Este ejercicio ayuda a identificar las características positivas y negativas de la dinámica del grupo. También ayuda a los líderes solitarios a trabajar con otras personas en la planificación y en el proceso de toma de decisiones.

1. Forma grupos de diez personas. Ocho de ellos serán «participantes»; los otros dos, «observadores».
2. Los observadores analizan las interacciones de los participantes. Pueden utilizar para ello la Plantilla de Análisis del Comportamiento que ponemos a continuación. Los participantes montan entre sí una organización cuya intención es promover un trabajo social de ayuda a su vecindario. He aquí algunas de las cuestiones que los participantes del grupo van a discutir:

   * ¿Qué forma queremos que tenga esta organización?
   * ¿Qué nombre le daremos?
   * ¿Qué metas tendrá nuestra organización?
   * ¿Cuándo nos reuniremos? ¿Dónde? ¿Con qué frecuencia?
   * ¿Quién puede ser miembro de ella?

3. Los miembros tienen entre treinta y cuarenta minutos para discutir todas las cuestiones que quieran plantearse.
4. Pasado ese tiempo, los observadores presentan sus reacciones.
5. Los participantes concluyen el ejercicio expresando lo que han sacado de la experiencia.

*Plantilla de Análisis del Comportamiento*

Anote comportamientos concretos:

1. Lucha: ataca, ridiculiza, agrede.
2. Abandono: evita el problema, salta de acá para allá, intelectualiza demasiado, huye del tema que se discute.
3. Formación de subgrupos: cálido y amistoso, agradable, impersonal, indiferente, frío.
4. Dependencia: recurre al líder del grupo en busca de apoyo y orientación, se rebela, niega la necesidad de estructuras.
5. Trabajo: actúa sobre los problemas con los que se enfrenta el grupo.

Además de observar esos cinco tipos de actuación, pueden captar más cosas teniendo en mente estas otras preguntas:

* ¿Hasta qué punto consiguió el grupo trabajar conjuntamente?
* ¿Hasta qué punto consiguió desempeñar la tarea?
* ¿Hubo mucha fricción entre los miembros?
* ¿Se registró un nivel elevado de frustración?
* ¿Cómo afrontaron los individuos sus diferencias?

## EJERCICIO: Técnicas de interacción del grupo

Como líder, ¿deseas mejorar tu relación con los otros? ¿Deseas desarrollar tus habilidades en el grupo? Este ejercicio no garantiza resultados, pero puede ayudarte a desarrollar las habilidades que necesitas. El ejercicio te dará la oportunidad de escoger tus propias metas para ese desarrollo. Sigue estos tres pasos:

1. Lee la lista de las actuaciones que vienen a continuación y anota en su lugar correspondiente las que:

   * haces bien,
   * deberías hacer más,
   * te gustaría hacer menos.

2. Quizá tengas en tu mente otras actuaciones concretas que no están en esta lista y que consideras más importantes. Escríbelas en la línea en blanco de cada apartado.
3. Repasa toda la lista y haz un círculo alrededor de las tres o cuatro actuaciones en las que te gustaría mejorar.

| | Suficiente | Menos de la cuenta | Más de la cuenta |
|---|---|---|---|
| *Habilidad para la comunicación* | | | |
| 1. Hablo en el grupo | ________ | ________ | ________ |
| 2. Soy breve y conciso | ________ | ________ | ________ |
| 3. Soy insistente | ________ | ________ | ________ |
| 4. Animo a los otros a expresarse | ________ | ________ | ________ |
| 5. Escucho con atención | ________ | ________ | ________ |
| 6. Pienso antes de hablar | ________ | ________ | ________ |
| 7. Sólo hago observaciones sobre el tema en discusión | ________ | ________ | ________ |
| 8. ________________ | | | |
| *Habilidad para la observación* | | | |
| 1. Observo las tensiones en el grupo | ________ | ________ | ________ |
| 2. Noto quién habla contra quién | ________ | ________ | ________ |
| 3. Percibo el nivel de interés del grupo | ________ | ________ | ________ |
| 4. Percibo las diferencias entre los individuos | ________ | ________ | ________ |
| 5. Observo quién está siendo aislado | ________ | ________ | ________ |
| 6. Noto las reacciones a mis comentarios | ________ | ________ | ________ |
| 7. Veo cuándo el grupo evita un tema determinado | ________ | ________ | ________ |
| 8. ________________ | | | |
| *Habilidad para resolver problemas* | | | |
| 1. Expongo problemas y objetivos | ________ | ________ | ________ |
| 2. Invito a dar ideas y opiniones | ________ | ________ | ________ |
| 3. Doy ideas | ________ | ________ | ________ |
| 4. Evalúo críticamente las ideas | ________ | ________ | ________ |
| 5. Delimito las discusiones | ________ | ________ | ________ |
| 6. Aclaro interrogantes | ________ | ________ | ________ |
| 7. ________________ | | | |
| *Habilidad para aumentar la moral* | | | |
| 1. Muestro interés | ________ | ________ | ________ |
| 2. Ayudo a los demás a llegar a un acuerdo | ________ | ________ | ________ |
| 3. Reduzco las tensiones | ________ | ________ | ________ |
| 4. Defiendo los intereses de los individuos frente a las presiones del grupo | ________ | ________ | ________ |
| 5. Expreso mi aprecio | ________ | ________ | ________ |
| 6. ________________ | | | |

| | Suficiente | Menos de la cuenta | Más de la cuenta |
| --- | --- | --- | --- |
| *Expresividad emocional* | | | |
| 1. Digo a los otros lo que siento | ________ | ________ | ________ |
| 2. Oculto mis emociones | ________ | ________ | ________ |
| 3. Manifiesto abiertamente mi desacuerdo | ________ | ________ | ________ |
| 4. Manifiesto sentimientos cálidos | ________ | ________ | ________ |
| 5. Expreso agradecimiento | ________ | ________ | ________ |
| 6. Soy sarcástico | ________ | ________ | ________ |
| 7. ____________________ | | | |
| *Capacidad de afrontar y aceptar las situaciones emocionales* | | | |
| 1. Capaz de afrontar los conflictos, la ira | ________ | ________ | ________ |
| 2. Capaz de afrontar el afecto, el rechazo | ________ | ________ | ________ |
| 3. Capaz de afrontar la decepción | ________ | ________ | ________ |
| 4. Capaz de afrontar el silencio | ________ | ________ | ________ |
| 5. Capaz de afrontar la tensión | ________ | ________ | ________ |
| 6. ____________________ | | | |
| *Relación social* | | | |
| 1. Intento vencer a los demás | ________ | ________ | ________ |
| 2. Soy dominante en relación con los demás | ________ | ________ | ________ |
| 3. Confío en los demás | ________ | ________ | ________ |
| 4. Trato de ayudar | ________ | ________ | ________ |
| 5. Soy protector | ________ | ________ | ________ |
| 6. Me gusta atraer la atención | ________ | ________ | ________ |
| 7. Soy capaz de quedarme solo | ________ | ________ | ________ |
| 8. ____________________ | | | |
| *General* | | | |
| 1. Comprendo por qué hago lo que hago *(insight)* | ________ | ________ | ________ |
| 2. Propicio comentarios sobre mi comportamiento *(feedback)* | ________ | ________ | ________ |
| 3. Acepto la ayuda de buena gana | ________ | ________ | ________ |
| 4. Tomo decisiones firmes | ________ | ________ | ________ |
| 5. Soy crítico conmigo mismo | ________ | ________ | ________ |
| 6. Espero con paciencia | ________ | ________ | ________ |
| 7. Me quedo solo para leer o pensar | ________ | ________ | ________ |
| 8. ____________________ | | | |

# 2
# Necesidades para la vida del grupo

¡Necesidades! Todos las tenemos, y muchas veces las reconocemos. Cuando reconocemos nuestras necesidades, generalmente trabajamos en el sentido de satisfacerlas. La mayor parte de nosotros no tiene dificultad en reconocer que tiene necesidades y que los demás también las tienen. Pero frecuentemente olvidamos que los grupos también tienen sus necesidades. No pretendemos hacer una lista completa de todas ellas, pero sí vamos a examinar tres importantes necesidades de todo grupo u organización.

## *1. La necesidad de realizar algo*

Sea cual sea su tarea, el grupo necesita llevar a cabo un proyecto o completar un producto. Puede tratarse de la preparación de una conferencia, la solución de problema o el aprendizaje de un método nuevo. La tarea se convierte en el contenido de la discusión del grupo.

El grupo trata de realizar su tarea, pero, mientras ésta permanece inacabada, crecen las tensiones, las cuales inducen a los miembros a completar la tarea. (Los grupos tienden a ver la tarea más como una cosa que como un trabajo con personas).

## *2. Necesidad de relación en el trabajo*

Los miembros necesitan relacionarse bien en el trabajo para realizar la tarea. Muchas veces, la llamada necesidad de mantenimiento difiere del contenido. Si los miembros no se aceptan y no miran los unos por los otros, intentando que todas las sugerencias sean constructivas, tendrán dificultades para realizar la tarea.Con frecuencia los grupos olvidan esta necesidad. Pero, por analogía, ¿cuánto tiempo podría mantenerse operativa una flota de camiones de transporte si nadie se dedicara a su mantenimiento, cambiando el aceite, llenando los depósitos y arreglando los vehículos?

### *3. La necesidad de satisfacción*

Las personas trabajan en grupo no sólo por interés en sus tareas, sino también debido a sus necesidades psicológicas de reconocimiento, respuesta, nuevas experiencias, amistad y seguridad. La formación de grupos, por su propia naturaleza, promete satisfacer esas necesidades. Los grupos se vuelven eficaces cuando:

1. satisfacen esas necesidades,
2. realizan la tarea prevista y
3. garantizan su propio mantenimiento.

Lo cual no quiere decir que los grupos eficientes gasten exactamente el 33,33% de sus energías y atenciones en cada una de estas tres áreas. En determinados períodos de tiempo, varía la cantidad de atención que se dedica a una u otra de esas áreas. La cantidad de energía que se gasta depende, por una parte, de la capacidad que tengan los miembros del grupo para diagnosticar cuál de las tres áreas exige más dedicación en un determinado momento y, por otra, de su capacidad de atender esa exigencia.

## Comportamiento del miembro del grupo

Dos tipos de actuación del grupo contribuyen a atender esas tres exigencias, al mismo tiempo que permiten que el trabajo se haga de una manera eficiente.

### *1. Comportamiento en relación a la tarea*

Lee el contraste entre el comportamiento positivo y el destructivo. Para realizar sus tareas los grupos deben conocer estas diferencias.

| *Generalmente positivo* | *Generalmente destructivo* |
|---|---|
| 1. Al comenzar: propone las tareas o las metas; define los problemas del grupo, sugiere procedimientos para la solución. | Espera a que los demás actúen; no manifiesta sus ideas y sugerencias. |
| 2. Busca información: se centra en los hechos; busca las informaciones relevantes consciente de su necesidad. | Desconoce la necesidad de los hechos o de las cuestiones relevantes. |
| 3. Informa: ofrece hechos; suministra informaciones relevantes. | Evita los hechos; prefiere manifestar opiniones o prejuicios. |
| 4. Busca opinión: inquiere sentimientos, pareceres, valores, sugerencias e ideas. | No pregunta qué desean o piensan los otros; los considera irrelevantes. |
| 5. Da su opinión: manifiesta sus puntos de vista ante el grupo y ofrece ideas y sugerencias. | Manifiesta una opinión, sea relevante o no; oculta ideas al grupo, aunque sean necesarias. |
| 6. Aclara: interpreta las ideas; deshace confusiones; define; indica alternativas. | No percibe las confusiones y las ambigüedades o se deja irritar por ellas; hace caso omiso de la confusión de los demás. |
| 7. Perfecciona: pone ejemplos; desarrolla significados; muestra la perspectiva global de una cosa; hace ver cómo funciona una propuesta. | Ignora a los que no comprenden; se niega a explicar o mostrar nuevos significados. |
| 8. Resume: vincula entre sí las ideas que se relacionan; repite las sugerencias después de la discusión; ofrece las decisiones o la conclusión al grupo. | Sigue adelante sin verificar la integración de las ideas; deja que cada cual haga su propia integración. |

*2. Comportamiento en el montaje y mantenimiento del grupo*

Es necesario concretar para descubrir los tipos de comportamiento exigidos para que los grupos se monten y mantengan como unidades de trabajo. A continuación damos ocho ejemplos.

| *Generalmente positivo* | *Generalmente negativo* |
|---|---|
| 1. Incentivar: trato amigable, cálido, comprensivo. Acepta a los otros y sus aportaciones. Reconoce a los otros. | Frío, incomprensivo. Rechaza o ignora las aportaciones de los otros. |
| 2. Expresa sentimientos: lo hace en el grupo; Percibe las reacciones del grupo a las sugerencias e ideas. | Ignora las reacciones del grupo. Se niega a expresar los sentimientos aunque sean necesarios para el grupo. |
| 3. Armoniza: trata de reconciliar. Reduce las tensiones con ejercicios o juegos ejemplificadores. Ayuda a los otros a explorar el porqué de sus diferencias. | Irrita a los otros. Fomenta el desacuerdo. Usa palabras excesivamente emotivas |
| 4. Compromiso: ofrece acuerdos cuando las ideas o posiciones están en conflicto. Admite sus errores. Ayuda a mantener la cohesión del grupo. | Defensivo. Arrogante. Se cierra en lo suyo o se retira. Exige la sumisión de los otros. |
| 5. Facilita: trata de mantener abiertas las comunicaciones. Sugiere procedimientos para la discusión. | Pasa por alto los problemas de comunicación. No da oídos a los otros. |
| 6. Establece patrones: expresa los patrones/objetivos que el grupo debe alcanzar. Ayuda a obtener información para avanzar en dirección a la meta. | Sigue su propio camino. No tiene en cuenta los patrones, objetivos y rumbos del grupo. |
| 7. Atestigua: pide opinión para descubrir si el grupo está preparado para la decisión. Recompensa los buenos resultados. | Se centra en sus propias necesidades. Ignora las condiciones y los rumbos del grupo. Se queja de la demora en el progreso. |
| 8. Acompaña: va unido al movimiento del grupo. Acepta las ideas de los otros. | Participa con sus propias ideas. Trata de buscar defectos en las ideas. |

*Ejemplos*

Una familia planea sus vacaciones de verano. Elabore una lista de lo que deben hacer sus miembros antes de llegar a la decisión final:

| | |
|---|---|
| *Padre*: Bien, ¿qué vamos a hacer en las vacaciones? | INICIA<br>PIDE OPINIONES |
| *Madre*: Vamos a ver lo que a cada uno nos gustaría hacer. | MANTIENE LA GUARDIA.<br>ESTABLECE PATRONES |
| *Juan* (7 años): Yo quiero ir al zoológico. | DA OPINIÓN |
| *Lola* (14 años): Yo quiero ir al campamento de verano con mis amigas. | DA OPINIÓN |
| *Enrique* (17 años): Yo quiero acampar en el Parque Nacional. | DA OPINIÓN |
| *Julia* (19 años): A mí me gustaría ir a la playa para nadar y navegar. | DA OPINIÓN |
| *Madre*: Yo preferiría ir a un hotel, donde no tuviera que cocinar ni cuidar la casa. | DA OPINIÓN |
| *Padre*: Yo esperaba poder pasar las vacaciones cuidando el jardín y la huerta. | DA OPINIÓN |
| *Madre*: No podemos gastar más de 200.000 pesetas en las vacaciones de este año. | DA INFORMACIÓN |
| *Padre*: Yo este año sólo tengo veinte días de vacaciones. | DA INFORMACIÓN |
| *Julia*: Yo tengo que estudiar algo en las vacaciones, porque me quedaron algunas. | ACLARA,<br>DETALLA E INFORMA |
| *Padre*: Quizá podamos encontrar la forma de que cada uno haga lo que desea. | EXPRESA LOS SENTIMIENTOS DEL GRUPO Y ESTABLECE PATRONES |
| *Madre*: Julia podría ir a la playa en julio. Lola podría ir al campamento de verano en esa misma época, y papá podría trabajar en el jardín y en la huerta por las tardes. Un fin de semana podríamos ir todos al zoológico con Juan. Y si todos estamos de acuerdo, | RESUME.<br>ASUME UN COMPROMISO.<br>ARMONIZA EL GRUPO |

podemos pasar una semana en la playa para nadar y dar algún paseo en barco, y al volver a casa pasamos por el Parque Nacional.

*Padre*: ¿Estaría esto de acuerdo con lo que a cada uno le gustaría hacer?

BUSCA EL CONSENSO

## Sugerencias para los líderes

1. Eventualmente, los tres tipos de necesidades del grupo deben ser atendidos hasta cierto punto, para lograr eficiencia y satisfacción.
2. El desempeño de una función puede ayudar a atender dos o tres exigencias simultáneas.
3. Cualquier persona del grupo, sea el líder, un líder designado al efecto o un miembro puede realizar la función necesaria. En este sentido, el liderazgo exige sensibilidad en el diagnóstico y flexibilidad en la función.
4. Cuando los grupos no van bien, los líderes eficientes buscan qué función es necesaria y no existe. Y animan a alguna otra persona a desarrollar esa función.
5. Mediante el entrenamiento (tanto de observación como de práctica), las personas pueden realizar una gran variedad de funciones.
6. La habilidad consiste en identificar qué se debe decir y hacer, cuándo y cómo.
7. Los líderes eficientes juzgan las habilidades de su participación más por la eficiencia que logran que por las intenciones que tienen. Una persona sabia dijo: «La habilidad hace que la acción coincida con la intención».
8. Los líderes saben que, en algunos grupos, suceden cosas que no ayudan a satisfacer las necesidades y que incluso llegan a impedir que sean satisfechas. Las llaman comportamientos no-funcionales, disfuncionales o destructivos.

## EJERCICIO: Eficiencia del grupo

*Objetivos*

1. Evaluar la eficiencia de tu grupo como equipo productivo.
2. Identificar las áreas que necesitan mejora, y elaborar los planes adecuados para cambiar.

*Instrucciones*

1. Cada miembro rellena la siguiente Escala de Eficiencia del Grupo.
2. Se elabora un cuadro que englobe cómo ven la situación todos los miembros.
3. Se identifican las áreas en las que hay desacuerdo y se trata de aclararlo. Se identifican las dimensiones que en conjunto tienen notas más bajas. Se intenta descubrir por qué pasa eso y desarrollar planes para mejorar.

## Dimensiones de eficiencia del grupo

*Instrucciones*

Haz un signo en el punto en el que te parece que está el grupo en este momento. Muestra tus respuestas al grupo.

*A. Funciones orientadas a la tarea*

1. ¿Hasta qué punto son claros los objetivos del grupo?

   a. Ningún objetivo manifiesto
   b. Confusión, incertidumbre o conflicto de objetivos
   c. Mediana claridad de objetivos
   d. Objetivos bastante claros
   e. Enfoque claro por parte de todos

2. ¿Hasta dónde llega la implicación de los miembros en lo que el grupo está haciendo?

   a. Les importa muy poco
   b. Un poco
   c. Mediano interés

d. Bastante interesados
e. Profundamente implicados

3. ¿Con qué grado de atención diagnostican los miembros los problemas del grupo?

   a. Evitan hacerlo: tratan de no pensar en ello
   b. Poca atención
   c. Mediana atención
   d. Bastante atención
   e. Los afrontan con seriedad, los analizan con cuidado, los diagnostican bien

4. ¿Son apropiados los procedimientos y las normas del grupo para alcanzar esos objetivos?

   a. Confunden nuestros propósitos
   b. No ayudan mucho
   c. A medias
   d. Muchas veces ayudan
   e. Son lo mejor posible para nuestras metas

5. ¿Hasta qué punto están integradas las contribuciones de los miembros del grupo?

   a. Cada uno trabaja solo y tiene voz propia; no se interesa por los otros; no hay espíritu de equipo ni integración
   b. Poca atención a las ideas de los otros
   c. Atención mediana
   d. Considerable atención al uso de las ideas de los otros
   e. Todos hablan y construyen directamente a partir de las contribuciones de los otros; se relacionan y se conjugan muy bien los unos con los otros

6. ¿Cómo se toman las decisiones del grupo?

   a. No se llega a ninguna decisión
   b. Las toman unos pocos
   c. Se sigue el voto mayoritario
   d. Se intenta integrar las opiniones de la minoría
   e. Por consenso, después de participar todos

7. ¿Se movilizan plenamente los recursos potenciales y la creatividad de los miembros y se utilizan para lograr los objetivos del grupo?
   a. Nadie contribuye con gusto; no se utilizan los recursos
   b. Sólo algunos contribuyen
   c. Movilización mediana
   d. La mayoría de los miembros contribuye bastante
   e. Todos contribuyen mucho y de una manera creativa

*B. Mantenimiento o funciones orientadas a los procedimientos*

8. ¿En qué medida aprecian los miembros trabajar unos con otros en el grupo?
   a. Todos lo detestan; siempre están dispuestos a escabullirse
   b. Descontentos
   c. A medias; unos contentos, a otros les importa un poco, algunos descontentos
   d. Bastante contentos, bastante satisfacción
   e. A todos les gusta mucho, mucha alegría, fuerte cohesión

9. ¿Cuánto incentivo, apoyo y aprecio se dan unos miembros a otros en el trabajo?
   a. Ninguno
   b. Rara vez
   c. A medias; algunos son apreciados, otros ignorados, otros incluso criticados.
   d. El apoyo es frecuente
   e. Se da abundante apoyo a todos los miembros, incluso cuando no se está de acuerdo con ellos

10. ¿Se expresan libremente los sentimientos del grupo (tanto de afecto como de hostilidad)?
    a. No se expresa ningún sentimiento; todo está orientado al trabajo
    b. Rara vez se expresan los sentimientos; sólo los negativos o sólo los positivos

c. A medias; se expresan cuando son extraordinariamente fuertes
d. Se expresan con frecuencia, tanto los positivos como los negativos
e. Se expresan mucho, tanto los personales como los comunes, tanto los positivos como los negativos

11. ¿Hasta qué punto los miembros son capaces de usar constructivamente los malentendidos y los conflictos que se registran en el grupo?

a. Los evitan o los reprimen; o son tan graves que amenazan acabar con el grupo
b. Rara vez se examinan los conflictos
c. Medianamente; se ponen paños calientes; se cambia de tema; ocasionalmente se hace alguna exploración constructiva
d. Es frecuente dar apoyo
e. Muy constructivos con todos los miembros, incluso cuando no se está de acuerdo con ellos

12. ¿Son los miembros sensibles y responsables con respecto a los sentimientos que los otros no expresan abiertamente?

a. Ciegos; insensibles y desinteresados, inertes
b. Rara vez los perciben
c. A medias; las reacciones a esos sentimientos son tan sólo ocasionales
d. Se reacciona frecuentemente
e. Siempre conscientes, muy sensibles e interesados

13. ¿Con qué frecuencia dan los miembros un «feedback» no evaluativo que los otros miembros pueden corregir directamente con comportamientos concretos?

a. Nunca dan «feedback»; o sólo hacen juicios de «cierto» y «falso»
b. Muy rara vez
c. Mediana frecuencia
d. Muchas veces
e. El «feedback» se da y se recibe con extraordinaria frecuencia.

# 3
# Estilos opuestos de liderazgo

Los líderes, aun los más eficientes, aplican diferentes estilos de abordar y tratar las situaciones. No podemos señalar un estilo determinado como si fuera el único camino. Vamos a considerar dos modos de abordar el proceso de toma de decisiones en grupo.

Leland P. Bradford establece dos puntos de vista opuestos, que él denomina «enfoque tradicional» y «enfoque orientado al grupo»[1]. A continuación mostramos una comparación entre ambos.

Comparación entre el liderazgo tradicional y el liderazgo orientado al grupo

| | *Base para la comparación* | TRADICIONAL | ORIENTADA AL GRUPO |
|---|---|---|---|
| 1. | *Responsabilidad por la eficiencia del grupo* | El líder es el responsable | Responsabilidad compartida por el grupo |
| 2. | *Control sobre la decisión final* | Control realizado por el líder | Control asumido en grupo |
| 3. | *Importancia de la posición de poder como fuente de influencia del líder* | Cuidadosamente enfatizada y conservada | Desenfatizada |
| 4. | *El líder observa al grupo* | Como conjunto de individuos | Como entidad de interacción colectiva |

1. LELAND P. BRADFORD, *Making Meetings Work: A Guide for Leaders and Group Members,* University Associates, San Diego 1976.

| | | |
|---|---|---|
| 5. *Funciones orientadas a la tarea* | Realizadas sólo por el líder | Compartidas por el grupo |
| 6. *Funciones de mantenimiento del grupo* | No realizadas sistemáticamente | Enfatizadas y compartidas por el grupo |
| 7. *Procesos e interacciones socioemocionales* | Casi siempre ignorados por el líder | Observados de cerca por el líder |
| 8. *Expresión de las necesidades y sentimientos de los miembros* | Desalentada por el líder; énfasis en el análisis de los objetivos | Alentada por el líder y tratada en las reuniones del grupo |

## Liderazgo tradicional

Ya hemos dicho que, tradicionalmente, los líderes necesitan «iniciativa y poder para dirigir, instruir y controlar a quienes les siguen». Esta definición supone que los líderes:

1. Se centran en las tareas e ignoran los sentimientos y las relaciones personales.
2. Piden opiniones, intentan llegar a un acuerdo, pero nunca abandonan el derecho a tomar la decisión final.
3. Mantienen el control sobre las discusiones del grupo e interrumpen las actuaciones perjudiciales y las discusiones irrelevantes.
4. Disuaden a los miembros de que expresen sus sentimientos y tratan de mantener una discusión racional y lógica, sin explosiones emocionales.
5. Cuando ven amenazada su posición de poder, recurren a la lucha, si es necesario, para mantener la autoridad.

Aunque este tipo de liderazgo de grupo produzca algunos resultados favorables, debemos tener en cuenta su costo. Las decisiones se toman en discusiones llevadas con orden dentro del grupo, pero los miembros acaban siendo apáticos y resentidos. Lo cual hace que apenas hagan aportaciones y reduce la calidad de las decisiones. También puede obstaculizar la aceptación de las decisiones por parte de los miembros del grupo si éstos se sienten manipulados e incapaces de influir significativamente en las decisiones.

## Liderazgo orientado al grupo

Según este punto de vista, los grupos comparten la responsabilidad por su eficiencia. Este estilo considera el mantenimiento del grupo como una función importante orientada a la tarea, porque los sentimientos e interacciones influyen profundamente en los procesos de solución de los problemas y en la toma de decisiones. Los miembros toman parte en ambos tipos de funciones, porque no hay una sola persona que sea sensible a todos los problemas y necesidades de los grupos. La división de responsabilidades en el liderazgo ofrece mayor satisfacción a los miembros.

El liderazgo centrado en el grupo supone que los líderes:

1. Además de escuchar, observan atentamente el lenguaje no verbal, de forma que están al tanto de las necesidades, sentimientos, interacciones y conflictos. Los líderes ven los grupos como una colectividad y no como una mera colección de individuos.
2. Actúan como entrenadores, consultores y auxiliares, no como meros directores o gestores.
3. Utilizan un modelo adecuado de comportamiento de liderazgo que incentiva a los miembros del grupo a imitarlos.
4. Crean un clima apropiado para la expresión de sentimientos e ideas.
5. Estimulan a los grupos a tratar de las necesidades de mantenimiento y de los problemas de procedimiento en sus reuniones.
6. Dejan el control en manos del grupo, permitiendo que los miembros tomen las decisiones finales.

Suelen surgir dificultades al poner en práctica el liderazgo orientado al grupo, porque exige una considerable habilidad tanto por parte de los líderes como de los miembros del grupo. Generalmente, las personas adquieren esa habilidad de una manera gradual. Acostumbrados al enfoque tradicional, los líderes pueden no querer compartir el control con los miembros del grupo ni tener que lidiar abiertamente con los comportamientos emocionales. Pueden temer que el nuevo enfoque les haga parecer débiles o incompetentes. La resistencia al nuevo enfoque también se manifiesta en los miembros del grupo que no sienten especial agrado en tener que habérselas abiertamente con las emociones, o que no quieren asumir mayores responsabilidades de liderazgo. Reforzado por los usos y costumbres, el estilo tradicional representa obstáculos adicionales a la introducción del liderazgo orientado al grupo.

Lo mismo que otras ideas que tienden a mejorar la satisfacción y la motivación de los empleados (esto es, el enriquecimiento del trabajo y la gestión participativa), el liderazgo orientado al grupo tiene mucho atractivo. Este enfoque se ha mostrado eficiente en grupos muy diversos. Sin embargo, el liderazgo orientado a los grupos requiere miembros maduros y emocionalmente estables, con un alto grado de habilidad y sensibilidad interpersonal.

## Responsabilidades del liderazgo orientado a la tarea

El comportamiento del liderazgo en lo típicamente relacionado con la ejecución del trabajo incluye:

* Aclarar al grupo las metas, los objetivos y las tareas.
* Ayudar a establecer las prioridades para la toma de decisiones.
* Asegurarse de que los miembros entienden las tareas.
* Buscar o suministrar informaciones, perspectivas e ideas.
* Solicitar, fomentar y sugerir procesos de acción nuevos y creativos.
* Evaluar crítica, objetiva y lógicamente las alternativas.
* Construir sobre las ideas de otras personas.
* Mantener las discusiones bien centradas en el tema.
* Hacer resumen de los progresos, que sirvan para actuaciones futuras.
* Resolver los conflictos creados por la realidad o por los valores.
* Fomentar actuaciones y decisiones.

* Comprobar que los miembros utilizan de la mejor manera posible el tiempo disponible.
* Decidir y actuar.
* Decidir sobre las atribuciones y llevarlas a cabo.

### Responsabilidades del liderazgo orientado a los procedimientos

Aunque no están directamente orientadas a la tarea, las responsabilidades del liderazgo orientado a los procedimientos son cruciales para la realización de la tarea de la reunión. Estas funciones orientadas hacia las personas incluyen:

* Inspirar en los participantes el sentido del objetivo común.
* Proporcionar un ambiente positivo, confortable y apropiado para la discusión.
* Proporcionar oportunidades y animar a todos a participar.
* Asegurarse de que las comunicaciones se hacen de una manera cortés y respetuosa.
* Dar tiempo suficiente a cada participante.
* Prestar la debida atención a todas las ideas y comentarios.
* Permitir la expresión de los sentimientos.
* Impedir los ataques personales, las disputas, la tensión y los comportamientos contraproducentes.
* Incentivar a las personas para que renuncien a la mera oposición y busquen el compromiso o el consenso.
* Mantener el interés.
* Dar el «feedback» positivo y negativo que ayude al grupo a llevar a cabo sus tareas y a adquirir confianza.

Aunque no sean directamente responsables de todas estas tareas, el asegurarse de que se realizan es parte de las funciones de los líderes de grupo. Como dice Richard Dunsing, «el líder tiene que liderar, no siempre liderando, pero sí garantizando que su liderazgo sea patente»[2].

---

2. RICHARD DUNSING, *You and I Have Simply Got to Stop Meeting This Way,* Amacom, New York 1978, 86.

## Sugerencias para el liderazgo

1. No es preciso que sean los líderes quienes estipulen las metas, pero sí deben hacer que las metas queden establecidas y claramente comprendidas.
2. No es preciso que sean los líderes quienes decidan, pero sí deben asegurarse de que se tomen las decisiones necesarias.
3. No es preciso que sean los líderes quienes amonesten a los descontentadizos, pero sí deben hacer todo lo posible para que los que originan problemas no se desmanden.

Cuando un miembro no cumple sus obligaciones para con el grupo, se impone entre los demás la necesidad de asumir funciones de liderazgo. Los líderes eficientes saben que, cuando surge un vacío de liderazgo, son ellos los que tienen que llenar ese espacio, bien sea liderando ellos mismos o animando a otras personas a hacerlo. El líder eficiente sabe cuál es el mejor momento para tomar la iniciativa. Lo cual exige saber cómo suelen funcionar los participantes en los grupos, y requiere también mantenerse alerta durante las reuniones.

Los líderes tratan de prever cómo los participantes del grupo

* se van a dedicar a la tarea;
* se comportarán dentro del grupo;
* van a cooperar; si serán abiertos o cerrados de mente; si van a ayudar o a perturbar;
* pueden contribuir sustancialmente a alcanzar los objetivos del grupo.

Los líderes también reconocen que los grupos existen para los individuos que los forman. No «utilizan» a los individuos para alcanzar los objetivos del grupo, sino que son los grupos los que funcionan como vehículos para

* la expresión de las personalidades de los individuos;
* satisfacer las necesidades individuales;
* alcanzar las metas del grupo.

Con estos objetivos en mente, los líderes eficientes (muchas veces no lo saben) se preguntan:

1. ¿Puedo confiar en sus habilidades y capacidades?
2. ¿Puedo dejar libre al grupo para que discuta creativamente y estoy dispuesto a entender, aceptar y respetar todas las actitudes? ¿Manipulo la discusión, de tal modo que termine yendo adonde yo quiero?
3. Cuando hay tensiones, ¿consigo que emerjan a la superficie?

Los líderes deben trabajar mucho para crear una atmósfera no-amenazadora. Los líderes eficientes no tomarán un rumbo constructivo mientras los miembros no tengan libertad para expresarse. Los líderes harán lo posible para crear ese clima mediante las siguientes medidas:

### *1. Transmitir calidez, aceptación y empatía*

Esto es algo que se manifiesta en la forma de hablar del líder, en las expresiones de su rostro y en sus gestos. Está en relación con su grado de aprecio por los demás, con su propia sensación de seguridad y con su habilidad para actuar con espontaneidad en presencia del grupo.

### *2. Prestar atención a los otros*

No siempre las personas prestan atención a lo que los otros dicen. Pero sin la debida atención no comprenderán realmente, y no podrá producirse la comunicación. En vez de escuchar, la mayor parte de las personas están planeando qué van a decir cuando el que está hablando deje de hablar. O se centran en puntos muy concretos de lo que se está diciendo, con los que no están de acuerdo, y acaban por no entender el sentido general de la intervención. Pero los líderes eficientes saben que no deben imponer a empujones sus ideas a los demás. Simplemente, procuran no poner en juego sus intereses personales. De esta forma, pueden dedicar su más sincera atención a las aportaciones que hacen los otros miembros del grupo. Conocen también los medios de mostrar su atención, como son ciertos movimientos de cabeza y mirar directamente a la persona que está hablando. Después de escuchar, saben parafrasear lo que ha dicho quien ha hablado. Esto anima al que habla, porque le demuestra que ha sido escuchado.

He aquí algunos modos de empezar a parafrasear al que ha hablado:

«Has dicho que...»
«Tu pensamiento es que...»
«Si he entendido bien...»
«No sé si lo capté bien, pero quizás...»
«A ver si lo he entendido bien...»

El líder necesita sensibilidad para repetir lo que ha dicho el que ha hablado. No es preciso que lo haga siempre que habla alguien. Los líderes poco preparados reaccionan de tal manera a sus estímulos interiores que les resulta difícil reaccionar a nada que sea exterior a ellos mismos.

### *3. Comprender los significados y las intenciones*

Los líderes eficientes ayudan a los miembros del grupo a no suprimir ni modificar la expresión franca de sus sentimientos. Y procuran además fijar su atención tanto en las intenciones de los que hablan como en lo que dicen.

Composición del grupo

| | *Comportamiento del grupo inmaduro* | *Comportamiento del grupo maduro* |
|---|---|---|
| 1. | Atmósfera formal, tensa. | Atmósfera informal. |
| 2. | Juicio por la condición (títulos, riqueza, forma de vestir). | Juicio por el valor de las contribuciones al grupo. |
| 3. | Cada persona sólo se preocupa de lo que ella quiere decir, no escucha con atención. | Escucha con atención, en busca de señales, mientras los otros hablan. |
| 4. | Por miedo a la hostilidad, son educados los unos con los otros. | Franqueza. Los miembros pueden absorber la hostilidad sin rupturas. |

| | |
|---|---|
| 5. Evita la controversia, teme las divisiones | Resuelve las controversias sin antagonismos. |
| 6. Se centra en materias subjetivas, ignorando el proceso. | Aunque negocie con lo subjetivo, es consciente del proceso. |
| 7. Expresa opiniones antes de que la tarea esté clara. | Hace preguntas y aclaraciones sobre la tarea, antes de expresar opiniones. |
| 8. Echa por tierra las propuestas en cuanto se presentan. | Busca los aspectos con los que pueda estar de acuerdo y sobre los cuales pueda construir. |
| 9. El compromiso es indeseable. | El compromiso es una herramienta útil. |
| 10. Ignora a los miembros silenciosos o les obliga a hablar. | Trata de usar los talentos de todos, sin obligar a ninguno. |
| 11. Mociones y decisiones por votos previos. | Evita mociones y votaciones, y busca el consenso. |
| 12. Rechaza a los que están en desacuerdo. | Acepta a todos, con sus puntos de vista. |
| 13. Ignora las necesidades personales y no es capaz de satisfacerlas. | Trata de satisfacer las necesidades de forma que sea útil para los objetivos del grupo. |
| 14. Tendencia a desempeñar un papel fijo (por ejemplo, a favor o en contra). | Desempeña papeles diversos (por ejemplo, aclarar, armonizar, resumir). |
| 15. Se deja la orientación al líder, y en él recae el mérito o la culpa. | Los miembros se sienten responsables del grupo y comparten el papel del liderazgo. |

## Grupo ayudado o perjudicado por sus miembros

Los miembros *ayudan* en los procesos del grupo cuando están/son:

1. *Informados* (contribuyen con la información y la experiencia).
2. *Articulados* (expresan ideas con claridad y de un modo directo).
3. *Sinceros*
   a. Creen en los objetivos del grupo.

b. Consideran significativa su contribución.
c. Creen en sí mismos y en los otros miembros.

4. *Flexibles* (se adaptan cuando sus ideas o sus materiales no ayudan; comprenden cuando los otros tienen informaciones más importantes o soluciones más viables).

5. *Sensibles* (reconocen la realidad de los demás del grupo y se interesan por sus necesidades; saben cuándo hablar y cuándo callar).

6. *Creativos*
   a. Son capaces de pensar más allá de los métodos tradicionales
   b. Son capaces de ver de maneras nuevas.
   c. Hacen que las ideas creativas sean realizables/productivas.

7. *Amistosos* (asumen actitudes serias respecto a las tareas, pero no dejan de lado la amistad; ayudan a establecer y a mantener la buena relación entre los miembros).

8. *Sinceros* (de verdad, sin fingimientos; expresan la misma sinceridad que sienten; no tienen miedo a criticar una idea o a apoyar otra).

9. *Firmes* (tienen fuertes convicciones e ideas definidas; usan su poder sin mostrar obstinación).

10. *Corteses* (pueden desistir de algo que quieren o que preferirían hacer; llegan a la hora; se atienen a la agenda).

11. *Organizados* (en su tiempo, en sus materiales e informaciones; siguen el ritmo de las programaciones y de lo que pueda sobrevenir).

12. *Activos* (más que hablar, actúan; tienen resistencia física, mental y emocional para llegar a las soluciones y realizar los planes; tienen voluntad y energía para actuar).

* * *

Los miembros *perjudican* al grupo cuando se convierten en:

1. *Oradores* (llevan el discurso preparado; esperan que todos aplaudan; tienen un pensamiento de dos frases y una palabrería de dos horas).
2. *Comediantes* (desempeñan una función valiosa, si no exageran; cuando todo se transforma en juego, se acaba por no hacer nada).
3. *Pesimistas* (no aportan nada; machacan las ideas de los demás; no aprecian sugerencia alguna).
4. *Optimistas* (el otro extremo: nunca creen que una idea puede acabar haciendo mal).
5. *Contestatarios* (creen que todo es objeto de controversia; como en el caso de los comediantes, su función puede ser valiosa, si no es exagerada; pueden considerarse valientes por el mero hecho de estar en desacuerdo).
6. *Simplificadores* (quieren que la reunión/discusión termine pronto; sugieren soluciones rápidas y simplistas. «Cuando sorprendemos a un empleado quebrantando el reglamento, lo despedimos, y punto»).
7. *Complicadores* (al contrario de los simplificadores, se dedican a amontonar variaciones y sutilezas, hasta que las soluciones se vuelven demasiado complejas; están atacados por la parálisis del análisis).
8. *Detallistas* (les gusta discutir interminablemente detalles sin importancia).
9. *Buscadores de trivialidades* (como a los detallistas, les gusta perder tiempo en bagatelas; en general, se arman con mucha información).
10. *Silenciosos* (pueden estar aburridos; tienen buenas ideas, pero no saben cómo expresarlas; pueden estar guardando las ideas hasta que se caen de maduras; niegan a los otros el beneficio de sus pensamientos).
11. *Divisores de la conversación* (a veces se les llama «confidentes»; en general, comienzan por susurrar a

los otros; se dedican a iniciar conversaciones aparte; pueden transformar la reunión/discusión en crónica de sociedad).

12. *Socializadores* (más abiertos y directos que los divisores de la conversación; su interés está en montar una fiestecita o en hacer una pausa para tomar café).

13. *Retrasados* (no perjudican mucho si se les deja solos; si se les ayuda, pueden ser devastadores; los Retrasados Profesionales programan su llegada con intervalos de 15/20 minutos, para tener la certeza de que el grupo tendrá ya muchas cosas que repetirles).

14. *Lectores* (hay dos tipos: en voz alta, que leen largos textos para todo el grupo; y los lectores silenciosos, que se aíslan del grupo con sus propios materiales y no comunican nada a los demás).

## Para que pienses

Lee con atención las descripciones que acabamos de hacer de los que ayudan y de los que perjudican las reuniones. ¿Dónde encajas tú? ¿Puedes anotar al menos una cualidad que crees tener? ¿Logras ver los defectos que te llevan a perjudicar a tu grupo?

Mi punto más fuerte a la hora de ayudar al grupo es________
______________________________________________

El fallo mío que más perturba al grupo es________________
______________________________________________
______________________________________________

Comprométete contigo mismo a corregir tus fallos. En una de las futuras reuniones, puedes pedir a otro miembro que observe cuándo te dejas dominar por alguno de tus viejos hábitos. Acuerda con esa persona que te haga una señal, sólo conocida por vosotros dos, para que caigas en la cuenta de tu defecto y comiences a corregirlo.

# 4
# Liderar la reunión

¡Reuniones! ¡Reuniones! ¡Reuniones! Algunos líderes aseguran que pasan dos tercios de su vida en reuniones. Tal vez exageran, pero la verdad es que en la mayoría de los casos las reuniones les ocupan una gran parte de su tiempo. Gusten o no, las reuniones sirven para una gran variedad de objetivos. En ellas las personas dan y reciben informaciones, convencen a otros para que orienten sus actuaciones en un sentido determinado, resuelven problemas y toman decisiones.

## Reuniones eficaces

Piensa por un momento en las reuniones eficaces, productivas y satisfactorias a las que has asistido. ¿Qué las distingue de las demás? Veamos las características de una reunión llevada de manera eficaz:

* Todos entienden los objetivos de la sesión.
* Las tareas se abordan de manera sistemática y ordenada.
* Las deliberaciones se hacen en una atmósfera informal y confortable.
* Los participantes se tratan unos a otros con respeto mutuo.
* Los participantes se comprometen en el objetivo colectivo del grupo y hacen sus aportaciones con la mejor buena voluntad.
* Prevalece el espíritu de cooperación.
* La mayoría o todos los participantes se integran en una discusión constructiva.
* Los participantes escuchan objetivamente las ideas y los comentarios de los demás.

* Nadie domina a nadie.
* Los participantes se expresan libremente.
* Resuelven de una manera constructiva los desacuerdos, los conflictos y las críticas.
* Con frecuencia toman sus decisiones por consenso.

## Preparación y pre-planificación

El que las reuniones resulten ineficaces e insatisfactorias puede deberse a muchas causas:

* Las personas suponen, sin saberlo con certeza, que las reuniones son la mejor manera de resolver cuestiones particulares.
* Se hace poca o ninguna pre-planificación.
* No se informa claramente sobre el objetivo de la reunión.
* No se especifican los resultados que se desea obtener.
* No están presentes los que conocen mejor el asunto.
* La discusión no sigue unos derroteros claros.
* No se hace ningún esfuerzo por evaluar la reunión.
* No se hace acompañamiento posterior.

¿Qué hace que las reuniones sean realmente eficaces? Para comenzar, tú, como líder, debes pensar los siguientes puntos:

1. Expón claramente el objetivo de la reunión y los resultados que esperas. Eso también hará ver a los miembros si la reunión es, de hecho, la mejor opción.
2. Elaborar una «agenda» no garantiza que la reunión vaya a ser eficaz. También necesitas elaborar un proceso para manejar los items de dicha agenda.
3. Traza un plan cuidadoso de la reunión. Identifica y separa las cuestiones, fija las prioridades o la secuencia de items, determina qué informaciones son necesarias y quién las va a proporcionar.
4. Considera la finalidad, la participación, la duración y la agenda.

5. Elige un lugar apropiado (silencioso, confortable, en el que todos puedan ver y oír bien). Proporciona material visual. Prepara la grabación de la reunión.
6. Haz un plan de toda la reunión, incluso de las palabras y aclaraciones iniciales.

## Conducir la reunión

Al conducir la reunión, el líder debe tener en cuenta dos cosas importantes que tiene que hacer:

1. Crear un clima apropiado, tratando a los miembros con cortesía, respeto e imparcialidad.
2. Buscar sistemáticamente el logro de los objetivos propuestos para la reunión.

Los líderes de los grupos se valen de cuatro pasos básicos y de una serie de técnicas para obtener reuniones de grupo eficaces. Esos pasos y técnicas son:

| *Pasos* | *Técnicas* |
|---|---|
| 1. Haz un esbozo del tema | Palabras de apertura.<br>Pregunta inicial |
| 2. Fomenta la discusión | Oyendo las respuestas.<br>Con preguntas-gancho |
| 3. Explora los pensamientos-clave | Resumiendo lo dicho.<br>Verificando las preguntas |
| 4. Resume y verifica | Haciendo preguntas.<br>Escuchando las respuestas |

Estos cuatro pasos básicos ofrecen a los líderes un marco sencillo de seguir. Dentro de ese cuadro básico pueden desarrollar la técnica de liderar las discusiones del grupo.

Para dar flexibilidad a los procedimientos, no menciono el tiempo o duración. Pero esos pasos funcionan eficientemente tanto en reuniones de diez minutos como en las que duran dos horas.

Procura familiarizarte con este cuadro. Quizá hasta puedes decorarlo. Cuando tengas en la mente un cuadro claro del funcionamiento de los cuatro pasos, estarás en camino de transformarte en un líder eficiente de reuniones. Pero recuerda que las discusiones eficaces no acontecen porque sí. Llegan a serlo porque el líder sabe *cómo* evitar las trampas y centrarse en transformar las reuniones en experiencias provechosas para todos.

## Cuatro pasos para las reuniones eficaces

### *Primer paso: Técnicas*

A. Palabras de apertura

Los líderes eficientes preparan sus palabras de apertura de la reunión. A veces se apoyan en un esbozo general, en lugar de escribir todas las palabras. Se dirigen al grupo con el mismo lenguaje que se usa en las conversaciones normales, recorren toda la sala con su mirada y mientras hablan la van fijando en cada uno de los miembros. Presentan todo el tema de la reunión.

Los líderes eficientes recuerdan tres expresiones que dan el tono y establecen los límites generales de su presentación:

*Brevemente — Despacio — Con claridad*

B. Pregunta inicial

Para que se inicie la discusión, los líderes eficientes saben que deben hacer la primera pregunta de tal manera que los miembros no puedan responder «sí» o «no». La pregunta inicial debe ser abierta. Para ello, los líderes presentan preguntas que comienzan con: Cómo - Qué - Cuándo - Dónde - Cuál - y, en algunos casos, Por qué. Los líderes eficientes tienen especial cuidado con la pregunta «por qué», ya que esta pregunta pone a las personas en una situación delicada al obligarlas a razonar antes de responder. También evitan hacer esta primera pregunta directamente a una persona concreta («Jorge, ¿cómo es que tú...?»). El trato directo puede asustar a la persona o hacerle sentirse obligada a dar la respuesta acertada. Si el líder pone a las personas concretas en semejante situación, serán muchos los que no vuelvan a las reuniones; y si asisten, se pondrán a la defensiva.

Después de la pregunta inicial, el líder eficiente no se asusta por las pausas o el silencio que pueden producirse. Sabe que una pausa razonable es incluso buena. Las personas necesitan tiempo para pensar. Si la cosa no arranca después de un silencio bastante prolongado, el líder procura reformular la pregunta de otra forma. O propone otra pregunta, aunque relacionada, desde luego, con el mismo tema. Los buenos coordinadores de reuniones procuran llevar preparadas dos o tres preguntas. Y también procuran asegurarse de que las preguntas alternativas no se alejen del sentido en el que debe ir la reunión. En caso contrario, los miembros del grupo pueden sentirse frustrados, porque tendrán que cambiar el rumbo de su pensamiento.

*Cómo formular las preguntas.* Puesto que las preguntas iniciales dan comienzo a la conversación, los buenos líderes de reuniones tienen siempre presente la importancia de su formulación. Las preguntas iniciales mal formuladas confunden o hacen que las personas se pongan a la defensiva. Las preguntas bien formuladas dejan claras las áreas de la discusión y, a la vez, las mantienen libres y abiertas.

> UNA SUGERENCIA A RECORDAR
>
> Para comenzar una buena discusión, haz una pregunta abierta.

*Dos maneras de formular las preguntas.* Los buenos líderes usan dos tipos de preguntas:

1. Abiertas: a las que no se puede responder «sí» o «no». Por ejemplo: ¿Cuál es tu opinión sobre este problema?
2. Cerradas: a las que se puede responder «sí» o «no». Por ejemplo: ¿Te gusta este plan?

Para ayudarte a ver la diferencia, he aquí una serie de expresiones que se usan, por lo general, para formular preguntas abiertas y cerradas:

| *Abiertas* | *Cerradas* |
|---|---|
| ¿Qué?... | ¿Es... |
| ¿Cuándo?... | ¿Podrías... |
| ¿Cómo?... | ¿Tú no... |
| ¿Quién?... | ¿Acaso... |
| ¿Dónde?... | ¿Fuiste tú... |
| ¿Cuál?... | ¿Sabes cuál... |

*Segundo paso: Fomentar la discusión*

El líder debe crear un ambiente o clima de libertad para conseguir la participación de todos los miembros. Este segundo paso permite que el potencial creativo del grupo produzca ideas para el éxito de la reunión.

Una breve lista de cosas a hacer y a no hacer ayuda a esclarecer bien este segundo paso.

| *Cosas a hacer* | *Cosas a evitar* |
|---|---|
| Esperar las reacciones del grupo. | Imponer tus propias ideas o pensamientos al grupo. |
| Mantener una actitud de oyente. | Hacer una serie de preguntas sin esperar a las respuestas. |
| Usar el contacto visual para invitar a los otros a hablar. | No llamar nunca a los individuos por su nombre. |
| Responder a los miembros diciendo: «Sí, pero...» | Rechazar todas las ideas. |
| Permitir que un miembro (o algunos de ellos) domine el grupo. | No invitar a todo el mundo a participar. |

Para estimular la discusión, el líder muestra su propio interés y presta toda su atención, sin interrumpir los pensamientos o las intervenciones de los miembros del grupo. Esto lo hace mediante las reacciones naturales que solemos tener en la vida ordinaria al escuchar.

A. Reacciones del que escucha

* Cuando el líder hace una breve indicación o un gesto a otra persona, está demostrándole interés, atención, como si le dijera: «Sigue, por favor».
* El líder hace su indicación sin palabras, para no interferir en la línea de pensamiento del que habla.
* Por lo general, el líder hace su comentario cuando el que habla hace una pausa.

*Cinco tipos de reacciones de quien escucha*

| | |
|---|---|
| 1. Balancear la cabeza | Balancear levemente la cabeza y esperar |
| 2. Pausa | Mirar al que habla, sin decir ni hacer nada |
| 3. Observación casual | «Ya»; «Hum...»; «¿Ah sí?»; «Interesante...» |
| 4. Eco | Repetir las últimas palabras del que habla |
| 5. Espejo | Reflejar al que habla lo que acaba de decir, comenzando, por ejemplo, con las palabras: «Entonces, tú crees que...» |

B. Pregunta-gancho

Muchas veces sólo hablan una o dos personas. Los otros se limitan a escuchar. El coordinador de la discusión puede lograr con una pregunta-gancho que también esos otros participen.

Una pregunta de este tipo, si se formula debidamente, abre y distiende la discusión sin ofender a los que hablan ni poner a los que callan en una posición delicada. Ejemplos de preguntas-gancho:

* ¿Alguien más quiere decir algo?
* ¿Algún otro comentario?

C. Control mediante las preguntas

Los líderes eficientes saben cómo mantener el control (y hacer progresar al grupo) mediante el uso de cinco clases de preguntas:

1. Preguntas de carácter general:

* Dirigidas a todo el grupo,
* tratando de captar la atención de todos
* y evitando presionar a los individuos antes de que estén preparados para responder.

2. Preguntas directas:

* Implicando a quienes tienen conocimientos especiales o se muestran reticentes
* e incrementando el ritmo.

> OTRA SUGERENCIA
>
> Al hacer una pregunta directa,
> di primero el nombre de la persona.
> Ello contribuye a captar su atención.

3. Preguntas dirigidas:

* Para incentivar la continuidad
* y para implicar a otros individuos.

*Ejemplo:* «Muy bien, Jorge. Tal vez Omar pueda...»

4. Preguntas redirigidas:

* Hechas al líder, que acaba prefiriendo no responder
* y haciendo que sea el grupo el que las responda.

*Ejemplo:* Un miembro del grupo: «Señor Presidente, como usted sabe...» / Presidente: «Buena pregunta, Tomás. ¿Alguien querría responder?»

5. Preguntas invertidas:

* Devolviendo la pregunta al que la ha hecho, para que sea él mismo quien responda,
* pidiéndole educadamente que se lo piense mejor
* y aportando puntos de vista que el líder sabe que ya son conocidos por quien ha hecho la pregunta.

*Ejemplo:* Un miembro del grupo: «¿Qué piensa de los costos ignorados en el proyecto...?» / Líder (Descon-fía, pensando que la persona es contraria al proyecto, pero que no quiere manifestar abiertamente su posición): «Carlos, el factor costo desempeña un papel importante en el proyecto e incluye los costos ignorados. ¿Podrías tú sugerir algunos de ellos? Además, como parece que has estudiado a fondo el asunto, ¿podrías indicarnos algún modo de librarnos de esos costos ignorados...?»

### D. Personas problemáticas

En todo grupo parece haber personas que dificultan la buena marcha de las discusiones o impiden que el grupo resuelva sus problemas. Vamos a mostrar ejemplos de seis tipos de esa clase de personas. Para contrarrestar la acción de esos individuos, los líderes eficientes tratan de estimular a los miembros positivos, a los que tienen conocimientos, experiencia y actúan con buen criterio. No atacan a las personas problemáticas. Cuando el líder ataca, puede que consiga poner fin a las acciones de los individuos problemáticos, pero también puede marginarlos (y a veces margina también a otros individuos positivos que simpatizan con los que fueron atacados).

1. Personas habladoras:

   * Déjales que hablen cuando lo que dicen es relevante y no monopolizan la reunión.
   * Cuando hablan demasiado, interrúmpelas educadamente, diciendo algo así como: «Roberto, te agradezco tu punto de vista...»
   * Redirige las preguntas: «Ahora, tal vez alguien más quiera...»

2. Personas prolijas:

   * Con mucho tacto, ayúdalas a expresar sus ideas de manera más concisa.

*Ejemplo:* Tomás lleva ya varios minutos hablando. Cuando hace una pausa, el líder dice: «Quiero saber si he entendido bien. Fundamentalmente, has dicho tres cosas...»

3. Personas silenciosas:

   * Anímalas y dales tu apoyo.
   * Haz que participen preguntando cosas que sabes que pueden responder.
   * Procura descubrir las razones de su silencio.

4. Personas evasivas:

   * Suelen centrarse en cuestiones sin importancia.
   * Pregunta a los demás miembros del grupo si quieren tratar el asunto.

   *Ejemplo:* «Roberto ha tocado un punto interesante que yo no había pensado someter a discusión. ¿Le gustaría al grupo dedicar unos minutos a hablar sobre ello? O tal vez podríamos volver después sobre el tema, si queda alguna duda».

5. Preguntadores persistentes:

   * Haz que respondan ellos o el grupo sus propias preguntas, sobre todo si te parece que están tratando de tenderte una trampa.
   * Si es claro que, de hecho, no entienden, procura ayudarlos.

6. Opositores:

   * Casi siempre crean conflicto.
   * Pregunta las razones de su comportamiento.

   *Ejemplo:* «Da la impresión, María, de que el rumbo que sigue la discusión te molesta. ¿Cuál es tu problema al respecto...?»

7. Personas dominantes:

   * Trata con mucho tino de refrenar su insistencia, hasta que los demás miembros tengan la oportunidad de manifestarse.

*Ejemplo:* Líder: «Elena, tú siempre tienes muchas ideas que presentarnos, pero tal vez sería mejor que esperaras algunos minutos, hasta que los más retraídos puedan decirnos lo que piensan...»

> UNA SUGERENCIA A RECORDAR
>
> El ejemplo citado consigue dos cosas:
> A. Silencia a la persona dominante.
> B. Valora sus aportaciones anteriores, sin atacar ni menospreciar.

E. SITUACIONES PROBLEMÁTICAS

A lo largo de una discusión, los líderes pueden tener que enfrentarse al menos a cinco tipos de situaciones problemáticas. Veámoslas, con algunas sugerencias sobre el modo de afrontarlas.

1. Conflicto:
   * Procura mantener el control.
   * Alivia la tensión usando palabras menos emotivas:
     • con buen humor,
     • cambiando de tema,
     • evitando la implicación personal.

2. Decisiones impopulares:
   * Si el grupo te ataca, sigue defendiendo tu punto de vista y busca el apoyo de cada uno de los miembros.

3. Falta de interés:
   * Trata de explicar cómo les afecta a ellos personalmente el asunto.
   * Cambia de tema durante un rato.
   * Cambia el enfoque.

4. Discusión/preguntas irrelevantes y/o inapropiadas:
   * Pueden indicar falta de interés.
   * Si el grupo manifiesta interés por una cuestión vagamente relacionada con el tema, trata de resolver el asunto rápidamente.

* Haz preguntas relevantes.
* Haz frecuentes resúmenes.

5. Información confidencial:

* Afirma claramente que no puedes dar esa información.
* Explica por qué.

*Tercer paso: Explorar los pensamientos-clave*

Definición: un pensamiento-clave es una idea, una opinión o una experiencia expresada por los miembros del grupo y que el líder considera importante para la discusión.

A medida que la reunión va avanzando y todos van teniendo la oportunidad de expresar sus ideas, el líder eficiente trata de recordar los pensamientos-clave.

MÁS SUGERENCIAS IMPORTANTES

Ten siempre a mano un papel para anotar una palabra o frase que ayude a recordar los pensamientos-clave.

Los pensamientos-clave surgen de modo natural durante la conversación o la discusión.

No necesitas hacer prospección alguna para encontrarlos.

Basta con *oír con atención.*

En las conversaciones normales, la mayor parte de los pensamientos-clave quedan ocultos tras comentarios casuales o afirmaciones rápidas. Haciendo referencia a esas ideas que han ido expresándose, el líder del grupo puede llevar la discusión hacia una conclusión constructiva.

*Ejemplo:* Líder: «Hace unos minutos, ha dicho Miguel...» Y después de repetir el pensamiento-clave, pregunta: «¿Qué pensáis sobre ello?»

¿Por qué insistir en los pensamientos-clave?

* Para que todos lleguen a un mejor entendimiento del tema en discusión.

* Para desarrollar hechos importantes y que antes no se habían tenido en cuenta.
* Para conseguir que los miembros piensen.
* Para fomentar discusiones más profundas (y más transparentes).
* Para llevar la reunión a una conclusión productiva.

TÉCNICAS

Las preguntas abiertas ayudan a los líderes a desarrollar la discusión. Oír las respuestas les ayuda a desarrollar pensamientos que parecen particularmente importantes para la discusión y para un eventual resultado constructivo.

### *Cuarto paso: Resumir y verificar*

Hay mucha gente que piensa poder dejar de lado este cuarto y último paso, porque piensan que ya no hay más tela que cortar. Pero los líderes eficientes saben que la reunión no termina sin un serio resumen y verificación final (que algunos llaman examen general).

¿Por qué resumir y verificar?

* Porque ello define el pensamiento del grupo.
* Hace que destaquen los pensamientos principales.
* Relaciona entre sí los mejores pensamientos.
* Deshace los malentendidos.
* Mantiene unido al grupo.
* Produce sensación de realización.

Para que una reunión concluya con éxito, el líder de la discusión debe hacer un resumen de los puntos principales y ver si todo el grupo lo acepta y entiende correctamente.

TÉCNICAS

A. Exposición del resumen:

* Desempeña un papel importante en la clausura de una reunión bien lograda.

* Se enfocan claramente las verdaderas realizaciones.
* Se destacan los principales puntos de la reunión. Si no se tratan debidamente, tales puntos principales quedan indefinidos, y los miembros del grupo salen confusos y desinteresados.
* Los puntos principales se destacan cuando:
  • se usan frases o sentencias sencillas y cortas,
  • se hacen pausas entre cada uno de los puntos,
  • no se introduce ningún pensamiento nuevo,
  • se habla despacio.

B. Preguntas de verificación (o de examen general):

* Encuadra cuidadosamente las preguntas
* Haz que sean abiertas
* Ejemplos de preguntas abiertas que pueden formularse en la verificación final:
  • ¿Qué pensáis al respecto?
  • ¿Qué os parece?
  • ¿Cuál es vuestra opinión?
  • ¿Ha quedado el tema suficientemente claro?

Usadas en forma apropiada, estas herramientas proporcionan el mejor clima para que los miembros del grupo crezcan intelectual y emocionalmente. Y el líder de la discusión habrá hecho una excelente aportación a ese crecimiento.

# 5
# Líderes eficientes en la discusión

Probablemente recuerdas haber asistido a alguna reunión en la que el líder repetía constantemente: «¿Alguien quiere hacer algún comentario?» Y nadie decía nada. Por fin, alguien se decidió a hablar, y ya no había quien le parara. ¿Te preguntaste quizá *por qué* no hubo discusión? Algunas veces parecen ser los propios miembros del grupo los que crean esa falta de reacción, dejando al líder atrapado.

El liderazgo eficiente es capaz de lograr que los grupos más desanimados recobren vida. Para que la reunión se desarrolle debidamente, el líder tiene que actuar. Pero ¿qué es lo que hace eficiente a un líder de reunión? Tal vez podamos responder a esta pregunta describiendo las características de los líderes de reunión más eficientes.

Como resultado de gran cantidad de investigaciones hechas en los últimos años, tenemos todos los datos que necesitamos. Voy a limitarme a resumir las características que determinan la eficiencia del liderazgo en las reuniones de grupo, sin entrar en las teorías generales del liderazgo.

Conscientes de esas características, los futuros líderes pueden aprender a usar las técnicas y a mejorar sus posibilidades de éxito a la hora de liderar las reuniones.

1. Los líderes más eficientes de reuniones son diestros en organizar el pensamiento del grupo, porque

   * conocen las pautas de pensamiento del grupo;
   * sugieren las pautas apropiadas a seguir;
   * se dan cuenta de las desviaciones y reconducen al grupo al camino adecuado.

2. Los líderes más eficientes de reuniones tienen la mente abierta, porque

   * estimulan a los participantes a discutir con mente abierta;
   * perciben los problemas;
   * tienen una suficiente comprensión del tema para poder hacer preguntas estimulantes.

3. Los líderes más eficientes de reuniones respetan a los miembros y tienen sensibilidad para con todos. Procuran mantenerse especialmente interesados en saber cómo se sienten los demás durante la discusión. Perciben cuándo están descontentos con lo que ocurre, cuándo están próximos al consenso, o cuándo una persona más dubitativa desea hablar. Tratan a todos con la misma dignidad, y nunca toman partido en los conflictos interpersonales. Su lenguaje en la argumentación es *ad rem* (va al asunto) y no *ad hominem* (no ataca los conocimientos, la integridad o el carácter de la persona):

   * confían en el grupo y creen en su sabiduría colectiva;
   * actúan con tacto, teniendo en cuenta los sentimientos de los participantes;
   * reaccionan a lo que dicen los demás con aceptación, aun cuando su opinión personal sea contraria;
   * procuran saber cómo piensan los otros, y por qué;
   * no atacan cuando no están de acuerdo.

4. Los buenos líderes de reuniones son buenos oyentes, porque

   * se empeñan en tratar de comprender y aclarar;
   * se comportan con paciencia y calma;
   * no interrumpen (excepto a los miembros que pretenden dominar);
   * hacen resúmenes precisos de lo que se ha dicho;
   * hablan con relación a lo que los miembros dicen.

5. Los buenos líderes de reuniones hablan bien, porque lo hacen

   * de manera eficiente, pues conocen la importancia de esa habilidad en todos los contextos sociales;
   * en términos claros e imparciales;
   * con palabras breves, organizadas y pertinentes.

6. Los líderes más eficientes de reuniones son flexibles, porque

   * no determinan todos los pasos que se deben dar;
   * aprenden las técnicas de liderazgo de los miembros del grupo;
   * adaptan su comportamiento y sus planes a las necesidades del grupo.

7. Los líderes más eficientes de reuniones son serenos y controlados, porque

   * si el líder pierde el control, la reunión fracasa;
   * tratan de imitar el proceder sereno y controlado del juez experimentado, que mantiene permanentemente la perspectiva y el autocontrol.

*Señales de eficiencia en las reuniones de grupo*

1. La atmósfera tiende a ser informal, confortable y distendida, sin tensiones clamorosas. Las personas se implican y no dan señales de aburrimiento.
2. Se debate animadamente, con la participación de todos, pero lo que se dice tiene que ver con el tema de la reunión. Si la discusión se aleja del tema principal, alguien procura reconducirla.
3. Todos comprenden y aceptan la tarea o el objetivo del grupo. Hay momentos en los que se debate libremente el objetivo, hasta que quede formulado de tal manera que todos se comprometan con él.
4. Los miembros se escuchan unos a otros. La discusión no salta de una idea a otra completamente distinta. Todas las ideas son escuchadas. Nadie teme ser trata-

do como un estúpido y, por consiguiente, todos dan a conocer sus ideas creativas, por muy excéntricas que puedan parecer.

5. El grupo no teme los malentendidos y no da señales de evitar el conflicto o de pretender limitarse a las cuestiones superficiales, para que nadie se ofenda. No se impiden las manifestaciones de los miembros sobre las actuaciones del grupo. Se examinan cuidadosamente las razones y se procura resolver las diferencias sin apabullar a los disidentes. Por otro lado, no se da ocasión a la «tiranía de la minoría». Los individuos que no están de acuerdo no intentan dominar al grupo ni expresan su hostilidad. Su desacuerdo expresa una genuina diferencia de opinión. Esperan llegar a una solución satisfactoria.

   En ocasiones se manifiestan desacuerdos básicos que no se logran resolver. Pero el grupo cree posible vivir esa ambigüedad aceptando los desacuerdos, aunque sin permitir que éstos perturben sus actividades. En ciertos casos, los miembros del grupo interrumpen los procedimientos para hacer posible un estudio más profundo de alguna cuestión. En otros casos, cuando no logran resolver las diferencias y necesitan continuar, llegan a una decisión ponderada y reconocen que deben reconsiderar el asunto.

6. La mayor parte de las decisiones se toman por consenso, con el acuerdo generalizado de todos, y se sigue adelante. Sin embargo, algunos individuos que se oponen a las decisiones tienden a silenciar su desacuerdo y hacen que el consenso sea sólo aparente y oculte el verdadero desacuerdo. El líder eficiente de reunión presta atención a esos individuos y trabaja con ellos (si es posible) hasta que puedan incorporarse libremente al consenso.

   Las votaciones se reducen al mínimo necesario. Cuando se considera que hay que votar, el grupo no acepta la mayoría simple como base apropiada para la acción. Si el resultado de la votación es de mayoría simple, se reconsidera la cuestión y se mantiene abierta a la discusión hasta que se alcance el consenso.

7. Se acepta la crítica sincera con relativa facilidad, sin considerarla, ni explícita ni implícitamente, como un ataque personal. Se considera que dicha crítica es constructiva, porque ayuda a eliminar los obstáculos que debe afrontar el grupo y que le impiden realizar su trabajo.
8. Las personas expresan libremente sus pensamientos e ideas sobre el problema. No esconden «ases en la manga» ni llevan «agendas secretas». Todos parecen saber cómo se sienten los demás con respecto a cualquier tema en discusión.
9. Cuando se decide sobre una actuación concreta, todos reciben y aceptan las atribuciones que se les encomienda.
10. Los líderes no son dominantes, y el grupo no se somete a ellos. Durante las discusiones del grupo, el liderazgo cambia de vez en cuando, en función de las circunstancias. Debido a sus conocimientos o experiencia, distintos miembros constituyen una reserva de recursos para el grupo, y temporalmente asumen papeles de liderazgo. Casi nunca se dan luchas por el poder dentro de las operaciones del grupo. La cuestión no es quién controla, sino cómo realizar la tarea.
11. El grupo es consciente de sus propias operaciones. Frecuentemente, hace un auto-examen para controlar cómo va el trabajo o qué es lo que perturba sus operaciones. El problema puede ser una cuestión de procedimiento, o el comportamiento de algún individuo que interfiere en la ejecución de los objetivos de todo el grupo. El grupo discute abiertamente hasta encontrar una solución.

## Cómo crear un clima de confianza

Los líderes pueden ayudar a construir un clima de confianza dentro del grupo. He aquí diez maneras de hacerlo:

1. Son abiertos y confiados. Y cuando no lo son, los miembros del grupo lo saben.

2. Animan a los miembros a expresar sus sentimientos, dudas y preocupaciones. Discuten esas preocupaciones como parte del problema. Apoyan los sentimientos de los demás.
3. Están lo más abiertos posible con respecto a las razones que se esconden detrás de sus órdenes.
4. Cuando algo no sale bien, procuran descubrir qué ha sucedido, no «quién es el culpable». Los líderes eficientes procuran obtener la participación de todos los miembros implicados, adoptando medidas correctivas.
5. Fomentan el que los demás les vean como elemento de ayuda en la realización del trabajo. Los líderes eficientes fomentan también la independencia, y no la dependencia exagerada de su liderazgo.
6. Manifiestan con naturalidad sus dudas, preocupaciones y sentimientos.
7. Hablan francamente sobre sí mismos, pero no sobre los demás. Los líderes eficientes saben que nunca deben hablar «en particular».
8. Procuran asumir personalmente el impacto de las críticas a la organización.
9. Establecen la sinceridad como una pauta de la que nunca se apartan.
10. Permiten que los demás sepan exactamente lo que desean cuando les piden su opinión.

En los dos ejemplos siguientes, ¿qué tipo de reacción espera el líder de los miembros del grupo?

a) «Pienso que el informe que he redactado es óptimo. Léelo y dime qué piensas de él». *(Nota: Este líder ya ha hecho saber cuál es la respuesta que desea).*

b) «Acabo de redactar este informe. Léelo desde el punto de vista de la persona a quien lo dirijo y dime sinceramente cuál crees que será su reacción».

## Cómo crear un clima de desconfianza

1. Considera los sentimientos y dudas como señales de debilidad.
2. Sé sarcástico, pero con la suficiente habilidad.
3. No expliques las razones que tienes para las peticiones que hagas o para las órdenes que des («Ellos no tienen que saber por qué. Sólo tienen que obedecer o morir»).
4. Cuando algo salga mal, monta en cólera y trata de descubrir quién es el culpable.
5. No animes a nadie a acudir a ti en busca de ayuda. Haz saber a todos que deben arreglárselas por su cuenta y depender exclusivamente de sí mismos.
6. Nunca permitas que los demás sepan lo que piensas. Así serán siempre desconfiados.
7. Divulga «chismes» sobre las personas ausentes.
8. Reacciona violentamente a los comentarios eventuales sobre los miembros de tu grupo.
9. Haz saber a los demás que puedes «ser drástico» si lo consideras bueno para la organización.
10. Procura planear venganzas y otras reacciones de ese tipo para destruir la imagen de otras organizaciones. Y espera que tus subordinados lleven adelante esos planes.

## Palabras finales

¿Has conseguido ver la importancia de la discusión y del papel crucial que desempeñan los líderes de reuniones? Ésa es la clave de la eficiencia. Lee otra vez la primera parte de este capítulo sobre las características de los líderes más eficientes de reuniones.

Al leer cada uno de los aspectos, pregúntate a ti mismo: «¿Cómo estoy yo al respecto?», y escribe tus respuestas brevemente en un folio.

Pide después a un amigo tuyo que lo lea y te diga si eres: a) muy bueno; b) suficiente; c) deficiente.

Nadie nace siendo un líder eficiente. Todos tenemos que *aprender* las técnicas de la eficiencia.

# 6
# Actividades post-reunión

«No se trata sólo de asistir a las reuniones», dijo un hombre de éxito; «también es importante lo que se hace después».

Aquel hombre comprendía perfectamente sus responsabilidades post-reunión. Los líderes eficientes saben lo importante que es el acompañamiento posterior a las reuniones. Saben, por ejemplo, que el acompañamiento contribuye al éxito de la reunión siguiente. No piensan sólo en lo que se determinó hacer o en las atribuciones que recibieron, sino que hacen una revisión sistemática de toda la reunión.

### *Revisar el objetivo*

Se hacen a sí mismo preguntas como éstas:

- ¿He alcanzado las metas que había establecido para la reunión? Y si no ha sido así, ¿a qué se debe?
- ¿Podía haber hecho algo distinto?
- ¿Qué puedo hacer para reforzar la participación del grupo en futuras reuniones?
- ¿Qué puedo hacer para alcanzar los objetivos de la próxima reunión?

### *Identificar las responsabilidades personales*

- ¿Qué esperan ahora los otros de mí?
- ¿Qué información debo obtener? (esto es: hablar con algunos en busca de opciones; examinar una política; elaborar un presupuesto; preparar un informe; informar a los demás sobre lo que ocurrió en la reunión...).
- ¿Puedo delegar una parte de mis responsabilidades?

SUGERENCIA ESPECIAL PARA DESPUÉS DE LA REUNIÓN

Procura poner por escrito la obligación/responsabilidad que te fue asignada como resultado de la reunión. Anota el plazo de tiempo. Son muchos los que olvidan sus compromisos hasta la víspera de la siguiente reunión y se ven obligados a preparar todo a última hora y de cualquier forma.

*Evalúa tu propia participación*

Hazte estas preguntas al realizar una auto-evaluación de tu participación:

* En general, ¿fui tan eficiente como podría haber sido? Si no, ¿por qué?
* ¿Qué fue lo que interfirió en mi eficiencia?
* ¿Cuál fue mi aportación al mantenimiento de la tarea? (Si ves que aportaste informaciones, pero no hiciste preguntas, procura cambiar ese comportamiento en la próxima reunión).
* ¿Qué elemento del mantenimiento del grupo brilló por su ausencia? (Por ejemplo: ¿Cundió la confusión entre las personas por haberse prolongado en exceso una discusión y no haberse hecho un resumen? Aunque no fueras el líder, podrías haber aportado al grupo algunos de esos comportamientos).
* Si la discusión se salió de sus cauces, ¿me quedé esperando a otra persona la reencauzara? ¿Podría haber hecho algo para devolver la concentración al grupo?
* ¿Qué diré la próxima vez en que el grupo se desvíe de su rumbo? (Para que la próxima vez tengas éxito, procura practicar desde hoy mismo lo que podrías haber dicho en la reunión. Prometerte a ti mismo que vas a acabar con dichas desviaciones sólo te será de ayuda si te preparas para decir la próxima vez algo así como: «Pienso que éste es un problema distinto, y tenemos que volver al tema».

### *Evalúa la eficiencia de tu liderazgo*

Pregúntate a ti mismo: «¿Hasta qué punto fui eficiente?» Para tu respuesta toma como base tres fuentes de información:

1. El análisis de los miembros del grupo.
2. La naturaleza de la tarea.
3. La percepción de tu propio comportamiento en el liderazgo.

Con estas tres cosas en mente, pregúntate:

* ¿Reaccionaron a mis instrucciones y prestaron atención a mis resúmenes?
* ¿Fue activa la participación de los demás?
* ¿Cómo reaccionaron con respecto a mí y con respecto los unos a los otros?
* ¿Conseguí alcanzar mis objetivos en el tiempo preestablecido?
* ¿Debo hacer algo diferente en la próxima reunión?

### *Aclarar los objetivos*

* ¿Debo proporcionar más estructura? ¿O menos?
* ¿Cómo puedo integrar a los miembros más reticentes?
* ¿Cómo puedo controlar a los miembros que perturban la reunión?
* ¿Cómo puedo descubrir quiénes desean salirse de este proyecto?

En cada reunión en que participes, procura seguir de cerca tu comportamiento en el liderazgo y ver cómo se relaciona con el logro de los objetivos. Hazte a ti mismo las siguientes preguntas, como parte de ese seguimiento:

* ¿Estoy sacrificando la tarea en favor de la buena relación o estoy evitando el conflicto para preservar la armonía?
* ¿Estoy mejorando la calidad de mi liderazgo prestando mayor atención a lo que hago?

*El uso del tiempo*

* ¿Con qué eficacia utilicé el tiempo?
* ¿Logré cumplir toda la agenda?

Algunos líderes tratan de hacer muchas cosas en poco tiempo. Pero, en relación a un tema determinado, los miembros del grupo pueden necesitar una discusión más amplia de lo que el líder tenía previsto. Cosa de este tipo impiden que se pueda hacer todo en un espacio de tiempo limitado. Con todo, si crees que no has hecho un buen uso del tiempo, céntrate en los puntos en los que el grupo podría haber sido más eficiente:

* ¿Dedicamos demasiado tiempo a un solo punto o a una sola persona?
* ¿Permitimos que se produjeran demasiadas desviaciones?
* ¿Fracasó el grupo en sus objetivos por falta de información?
* ¿Insistimos en continuar con un tema que podría haber sido aplazado hasta obtener más información?
* ¿Permití que el comportamiento auto-orientado perjudicara la reunión? En tal caso, ¿cómo puedo tratar el problema en la próxima reunión?
* ¿Qué preparación se puede hacer para ayudar a los miembros a aprovechar mejor el tiempo en la próxima reunión?

*Objetivo de la próxima reunión*

* ¿Qué tiene que hacer el grupo en la próxima reunión?
* ¿Es necesaria esa reunión para alcanzar el objetivo propuesto o podemos emplear mejor nuestro tiempo trabajando individualmente, en lugar de reunirnos otra vez?
* ¿Conocen debidamente los miembros los objetivos establecidos para la próxima reunión?

DOS SUGERENCIAS PARA ECONOMIZAR TIEMPO

1. Si no hay razón para la reunión, *no os reunáis*, aunque el encuentro haya sido programado.

2. Puedes perder mucho tiempo rehaciendo el trabajo de las reuniones anteriores. Una breve recapitulación puede servir de ayuda; pero procura no volver a recorrer palmo a palmo el terreno ya recorrido, a no ser que tengas informaciones nuevas y relevantes.

## *La salud del grupo*

Los grupos sanos poseen muchas de las características de los individuos maduros. Son flexibles, de fácil adaptación, se comunican con claridad y reaccionan a las informaciones del entorno. Para realizar el trabajo en las reuniones es preciso que haya algunos individuos capaces de actuar colectivamente. Considerando los diversos intereses y los distintos conflictos inherentes a toda organización, los grupos no siempre pueden ser «maduros». En general, los líderes eficientes deben poder responder afirmativamente a las siguientes preguntas sobre los grupos:

1. ¿Es capaz el grupo de obtener y utilizar las informaciones que necesita?
2. ¿Tiene el grupo capacidad de reaccionar y de afrontar con realismo el ambiente?
3. ¿Existe acuerdo general dentro del grupo en relación a los objetivos y valores?
4. ¿Hace el grupo el mejor uso posible de los recursos de que dispone?
5. ¿Tiene el grupo capacidad del auto-conocimiento? ¿Son conscientes sus miembros del impacto de su comportamiento en los demás? ¿Comprenden por qué hacen lo que hacen?
6. ¿Tiene el grupo capacidad de aprender de sus propias experiencias? ¿Asimilan sus miembros las nuevas informaciones o reaccionan a ellas?

7. ¿Asume internamente el grupo los diversos procesos y tareas, como la comunicación, la toma de decisiones y el reparto de la autoridad?

### Por qué a las personas no les gusta asistir a reuniones

*1. Liderazgo débil.* El líder no logra mantener la discusión centrada en el tema, no consigue que las cosas vayan en la dirección correcta y no trata de fomentar actividades estimulantes y motivadoras.

*2. Objetivos vagos.* Los miembros no están muy seguros de lo que están intentando realizar.

*3. Falta de compromiso respecto a las funciones.* Los miembros no realizan sus atribuciones o no lo hacen con acierto.

*4. Las recomendaciones del grupo se ignoran casi siempre.* La dirección debe actuar con mayor interés y receptividad.

*5. Pérdida de tiempo.* Discusiones improductivas de los problemas, sin llegar a conclusión o decisión alguna.

*6. Dominación.* Algunos hablan constantemente y procuran hacer prevalecer su postura. Una persona controla toda la reunión, o un pequeño grupo forma una facción que se hace dominante. Los miembros no receptivos no entienden por qué han ido a la reunión.

*7. Falta de preparación.* La falta de preparación, que puede afectar tanto a los miembros como a los líderes, se da cuando los miembros perciben que no hay «agenda», o que necesitan materiales y recursos no disponibles, o cuando perciben que alguna persona o todo el grupo no ha hecho la preparación necesaria.

*8. No se decide ninguna actuación.* El grupo pierde mucho tiempo, sin llegar a decisiones concretas que puedan llevar a algún tipo de actuación.

*9. «Agendas» secretas.* Algunos miembros acuden a la reunión con la intención de defender intereses personales y entablan discusiones que sólo ellos (o tal vez dos o tres) consideran importantes.

**Cosas que las personas desean ver en las reuniones**

1. *Clara definición de las atribuciones.* Los miembros desean saber cuáles son las responsabilidades y atribuciones de cada miembro y de cada líder, así como los objetivos del grupo.
2. *Control del tiempo.* Las personas desean que la reunión comience a la hora señalada y termine a la hora fijada. El que la planifica debe calcular el tiempo suficiente para realizar el trabajo previsto, y nada más.
3. *Los miembros son sensibles a las necesidades ajenas.* Las personas escuchan y respetan las opiniones de los demás. Evitan las interrupciones o, al menos, tratan de reducirlas al mínimo posible.
4. *Atmósfera informal y distendida.* Las reuniones producen mejores resultados cuando se realizan en condiciones de tranquilidad e informalidad, no como un intercambio excesivamente formal.
5. *Buena preparación.* Los líderes y los miembros vienen preparados.
6. *Los miembros están cualificados e interesados.* Todos los miembros desean formar parte del grupo y participan cuando sienten que pertenecen al mismo. Como dijo alguien: «Cuando sé que me necesitan, sé que pertenezco a ese grupo».
7. *Actas bien hechas.* Cuando el grupo elabora como es debido las actas de las reuniones, las decisiones no caen en saco roto, y los miembros del grupo no necesitan investigar para saber qué decisiones se han adoptado en ocasiones anteriores.
8. *Evaluaciones del grupo.* Periódicamente, el grupo debe detenerse a hacer una evaluación de su propio proceso. Y los miembros trabajan en busca de las mejoras necesarias que se desprendan de esas auto-evaluaciones.
9. *Sistema de recompensas.* Los miembros desean que sus esfuerzos y aportaciones sean reconocidos y apreciados.
10. *Aceptación del trabajo.* Las personas necesitan saber que el trabajo que hacen en el grupo tiene su valor. No sólo quieren saber que han hecho un trabajo aceptable, sino tener la certeza de que la organización va a utilizarlo.

***

¿Hasta qué punto son eficientes tus reuniones? Presentamos a continuación una serie de ejercicios y cuestionarios para una evaluación y análisis de las reuniones. Puedes aceptarlos como están o adaptarlos para tu propio uso.

## EJERCICIO: Guía del líder

1. Antes de la reunión:
   A. Repasa la agenda
   B. Designa a un secretario que tome acta.

2. Durante la reunión:
   A. Comienza la reunión a la hora señalada.
   B. Conduce al grupo para que establezca prioridades dentro de la agenda y especifique el tiempo que debe emplearse en cada punto.
   C. Mantén al grupo centrado en la tarea (es decir: supervisa la discusión e informa al grupo cuando se desvíe de la agenda).
   D. Haz que el grupo se atenga al espacio de tiempo asignado a cada punto de la agenda.
   E. Intenta detectar cualquier manifestación de confusión. Procura aclarar cualquier duda que pueda surgir.
   F. Al terminar cada punto de la agenda:
      a. Asegúrate de que todos han tenido la oportunidad de hacer su propia aportación a la discusión.
      b. Pregunta para cerciorarte de que todos han quedado debidamente informados de todas las decisiones.
      c. Haz un resumen (el líder u otra persona especialmente indicada). Comprueba que el secretario registra en el acta el resumen hecho.
   G. Verifica el progreso de la reunión, cuando lo juzgues necesario:
      a. Cerciórate de que los miembros quedan satisfechos de su participación.
      b. Verifica que comprenden el proceso de la toma de decisiones.

H. Haz una sesión de evaluación durante los diez minutos finales de la reunión. Formula las siguientes preguntas:
   a. ¿Hemos alcanzado nuestros objetivos?
   b. ¿Hemos utilizado eficientemente nuestros recursos?
   c. ¿Hemos evitado caer en trampas como, por ejemplo, la pérdida de tiempo?

I. Pon fin a la reunión a la hora fijada.

3. Después de la reunión:

A. Habla con el secretario para asegurarte de que lo ha entendido todo y ha tomado las notas oportunas para redactar el acta con precisión.

B. Transfiere al programa de la próxima reunión los puntos que no se han podido abordar.

* * *

Los siguientes ejercicios sirven para el sentimiento que prevalece en las reuniones. Pueden hacerlo los participantes o una persona especialmente indicada.

## EJERCICIO sobre el clima del grupo

Pon una señal en cada uno de los cinco items:

| | | |
|---|---|---|
| Formal | 1____2____3____4____5 | Informal |
| Competitivo | 1____2____3____4____5 | Cooperador |
| Hostil | 1____2____3____4____5 | Ayudador |
| Restrictivo/Inhibido | 1____2____3____4____5 | Permisivo / a voluntad |
| Cerrado | 1____2____3____4____5 | Abierto |

*Instrucciones para el ejercicio de participación en el grupo*

El grupo puede rellenar el siguiente cuestionario. Más tarde, pueden utilizarse las respuestas para un debate de evaluación.

1. ¿Cómo te sientes sobre tu nivel de participación durante esta sesión?

   A. Muy satisfecho
   B. Bastante satisfecho

C. Satisfecho
D. Bastante insatisfecho
E. Muy insatisfecho

2. Señala en cada escala el punto que muestre lo que piensas de los demás participantes:

| | | |
|---|---|---|
| Todas las personas hablaron | ____.____.____.____. | Sólo hablaron algunos |
| Todos los miembros se interesaron | ____.____.____.____. | No se interesó nadie |
| Todos los recursos se utilizaron | ____.____.____.____. | El grupo no empleó todos los recursos |

3. Escoge a un observador que responda a las siguientes preguntas:

A. ¿Quién habla? ¿Durante cuánto tiempo? ¿Con qué frecuencia?
B. ¿A quién miran los miembros cuando hablan?
   a. A los individuos (como seguidores potenciales)
   b. Al grupo como un todo (barriendo con su mirada)
   c. A nadie (miran al suelo, al techo, etc.)
C. ¿Quién habla después de quién? ¿Quién interrumpe a quién?
D. ¿Qué tipo de comunicación se emplea? (estilo afirmativo, interrogativo...; tono de voz; gestos...).

## EJERCICIO sobre la eficiencia del grupo

Instrucciones: marca con una X entre los paréntesis la respuesta que mejor refleje tu reacción ante esta reunión:

| Acuerdo Fuerte | Acuerdo Medio | Desacuerdo Medio | Desacuerdo Fuerte | |
|---|---|---|---|---|
| ( ) ¡SÍ! | ( ) Sí | ( ) No | ( ) ¡NO! | 1. Los resultados de esta reunión valieron la pena |
| ( ) ¡SÍ! | ( ) Sí | ( ) No | ( ) ¡NO! | 2. He tenido ocasión de decir lo que pensaba sobre los temas debatidos en el grupo. |

| | | | | |
|---|---|---|---|---|
| ( ) ¡SÍ! | ( ) Sí | ( ) No | ( ) ¡NO! | 3. Nuestra reunión ha sido eficiente. |
| ( ) ¡SÍ! | ( ) Sí | ( ) No | ( ) ¡NO! | 4. Estoy satisfecho de la atención y consideración que los demás han prestado a mis ideas y opiniones. |
| ( ) ¡SÍ! | ( ) Sí | ( ) No | ( ) ¡NO! | 5. Hemos perdido demasiado tiempo en esta reunión. |
| ( ) ¡SÍ! | ( ) Sí | ( ) No | ( ) ¡NO! | 6. El grupo ha hecho uso de mis conocimientos sobre el tema debatido. |
| ( ) ¡SÍ! | ( ) Sí | ( ) No | ( ) ¡NO! | 7. Los temas más importantes no han sido debatidos. |
| ( ) ¡SÍ! | ( ) Sí | ( ) No | ( ) ¡NO! | 8. Se me ha dado ocasión de influir en las conclusiones y decisiones. |

## EJERCICIO: tus opiniones sobre la reunión

Rodea con un círculo el número de la escala que corresponda a tu opinión.

1. Objetivos de la reunión

Mal 1 2 3 4 5 Bien

(poco claros; diversos; contradictorios; inaceptables) — (claros; aceptados por todos; aprobados con entusiasmo)

2. Participación en la reunión

Mal 1 2 3 4 5 Bien

(pasividad: dominaron unos pocos; algunos no fueron oídos; varios hablaron al mismo tiempo o interrumpieron) — (todos participaron; fueron oídos con atención; discusión intensa y abierta)

3. Liderazgo en la reunión

Mal 1 2 3 4 5 Bien

(las necesidades de liderazgo del grupo no han sido satisfechas; el grupo depende demasiado de una o dos personas; no hay dirección o liderazgo alguno) — (hay sentido de dirección; los líderes han ido apareciendo cuando han surgido las necesidades de liderazgo; todos se sienten libres para presentarse como líderes)

4. Decisiones tomadas durante la reunión

| Mal | 1 | 2 | 3 | 4 | 5 | Bien |
|---|---|---|---|---|---|---|

(no se ha tomado ninguna decisión, y en las que se tomaron yo no estaba de acuerdo)

(se han tomado buenas decisiones; todos se han sentido parte del proceso, y las personas se han comprometido con las decisiones tomadas)

5. Tus sentimientos durante la reunión

| Mal | 1 | 2 | 3 | 4 | 5 | Bien |
|---|---|---|---|---|---|---|

(no fui capaz de expresar mis sentimientos; mis sentimientos fueron ignorados; mis sentimientos fueron criticados)

(expresé libremente mis sentimientos; me sentí comprendido; sentí el apoyo de los demás participantes)

6. Organización de la reunión

| Mal | 1 | 2 | 3 | 4 | 5 | Bien |
|---|---|---|---|---|---|---|

(caótica; control exagerado; nada provechosa; me sentí manipulado)

(bien organizada; suficientemente flexible para permitirnos ejercer influencia; todo transcurrió bien)

7. Relación entre los participantes en la reunión

| Mal | 1 | 2 | 3 | 4 | 5 | Bien |
|---|---|---|---|---|---|---|

(mi relación con los demás es la misma de antes; me sentí enfrentado a muchos de ellos; no confío en ellos; poco potencial para una relación futura)

(nuestra relación ha mejorado mucho; confío más en ellos que antes de la reunión; pienso que debo conocer y comprender mejor a muchos de ellos; hay buen potencial para el futuro)

8. Actitud con respecto a la reunión

| Mal | 1 | 2 | 3 | 4 | 5 | Bien |
|---|---|---|---|---|---|---|

(fue agotadora; fue una pérdida de tiempo; no me gustó el modo en que fue presentada; no me gustó nada de ella)

(interesante; fue de gran ayuda; me gustó)

9. Contenido de la reunión

| Mal | 1 | 2 | 3 | 4 | 5 | Bien |
|---|---|---|---|---|---|---|

(poco instructiva; no aprendí mucho; nada informativa; demasiado complicada; sin demasiado contenido)

(aprendí bastante; muy informativa; podré hacer uso de lo que aprendí; contenido adecuado para nuestras necesidades)

10. Productividad de la reunión

| Mal | 1 | 2 | 3 | 4 | 5 | Bien |
|---|---|---|---|---|---|---|

(no hicimos gran cosa; no se presentó ninguna buena idea; no nos llevó a ninguna parte)

(hicimos bastante; muy fructífera; algo bueno saldrá de esta reunión).

# 7
# Motivación y satisfacción

¿Cómo actúan los líderes para motivar a otras personas? ¿Cómo consiguen los líderes ese «algo más» que impulsa a otros individuos a la acción? Los líderes saben que la motivación es uno de los mayores desafíos a los que se enfrentan. Y todavía andan buscando el modo de resolverlo, aun cuando los programas de gestión de la motivación sean los más populares y fáciles de vender. Pero la pregunta sigue en pie: *¿cómo se puede motivar a las personas?*

El punto clave para desarrollar la motivación es saber en qué consiste ésta. Vamos a comenzar con una definición bastante simple:

**La motivación es el deseo de hacer algo**

Ese «algo» puede ser simplemente la voluntad de comer, o bien algo muy complicado, como el proyecto de una cápsula espacial. Puede ser una actividad que hacemos solos, o bien un trabajo con otras personas. Puede llevar sólo unos instantes, o bien exigir años de esfuerzo.

Son muchas las variables que influyen en el deseo de las personas de «hacer algo» en el ámbito del trabajo. Esas variables incluyen sus propias necesidades, los factores presentes o ausentes en el ambiente y el comportamiento de los superiores inmediatos.

No existen respuestas fáciles a la pregunta: «¿Cómo motivar a las personas?» La motivación viene del interior de cada cual y no es algo que el líder (o cualquier otro individuo) pueda proporcionar directamente. En este sentido, la motivación es como el crecimiento: los padres no pueden hacer que sus hijos crezcan, pero sí pueden proporcionarle la alimentación que necesitan para madurar física y emocionalmente. Tampoco los líderes pueden motivar a las personas, pero sí pueden crear el clima en el que las personas deseen producir al máximo de sus posibilidades.

Las ideas que presentamos no son recetas o fórmulas que digan a los líderes lo que deben hacer exactamente en situaciones concretas. Sin embargo, pueden servir de base para elaborar una estrategia en orden a desarrollar la motivación.

### *Necesidades*

Los deseos de las personas de hacer algo nacen de las necesidades que sienten. Cuando actúan, lo hacen para satisfacer esas necesidades. Lo cual significa que las personas, por lo general, tienen razones para hacer lo que hacen. Necesidades que creen poder satisfacer mediante determinadas actuaciones. De este modo, las necesidades, la acción y la satisfacción están íntimamente relacionadas, y estos tres factores, a su vez, están manifiestamente relacionados con la motivación.

En la relación entre las necesidades y la motivación, cuando las personas satisfacen una necesidad, ésta deja de actuar como elemento motivador. Por ejemplo, una persona que tiene hambre no necesita muchos estímulos para comer; pero, en cuanto se alimenta y sacia el hambre, desaparece su motivación para comer.

### *Jerarquía de las necesidades según Maslow*

Debido a la estrecha relación entre las necesidades y la motivación, muchos psicólogos han dirigido su atención a comprender los tipos de necesidades que motivan el comportamiento humano. Abraham Maslow, que ha desarrollado una de las más útiles descripciones de las necesidades humanas, propone cinco niveles (o jerarquías) de necesidades que indican el orden de importancia que tienen para el individuo. Según Maslow, esas necesidades son: 1. Fisiológicas. 2. De certeza y seguridad. 3. Sociales y de participación. 4. De ego, de *status* y de estima. 5. De auto-realización.

1. Las *necesidades fisiológicas* se refieren a los mínimos necesarios para la vida, como la alimentación, el agua, el vestido, la vivienda y la salud. Si las personas ponen suficiente empeño en conservar su empleo, por lo general logran satisfacer sus necesidades fisiológicas. La urgencia de las necesidades de la vida proporciona a las personas una razón para levantarse por la mañana. Están motivadas para ir al trabajo. Y en su lugar de trabajo, su preocupación por el salario y por las condiciones básicas en que lo desarrollan (como, por ejemplo, aire acondicionado, servicio de comedor, limpieza, nivel de ruido...) es reflejo de sus necesidades fisiológicas.

Sólo después de lograr una satisfacción mínima de estas necesidades básicas, pasan al nivel siguiente.

2. Una vez que las necesidades primarias dejan de funcionar como motivación, se manifiestan las *necesidades de certeza y seguridad,* porque la mayor parte de las personas piensa tanto en el futuro como en el presente. A partir del momento en que gozan de suficiente alimentación, vestido, vivienda y demás, lo más probable es que orienten sus energías a satisfacer esas mismas necesidades en el futuro. Y ahí aparece el deseo de verse libre de amenazas, de protección contra peligros y accidentes, de seguridad medioambiental... En el lugar de trabajo, los individuos traducen esas necesidades en aspectos tales como las condiciones de seguridad en el trabajo, los aumentos salariales, la garantía del empleo y un nivel aceptable de beneficios sociales para la protección de la salud. Y también se incluye aquí la jubilación, con beneficios como el seguro de sanidad, pensiones por la inversión y/o el ahorro, etc. Las necesidades de seguridad llevan a las personas a asociarse en sindicatos y a efectuar pagos o admitir descuentos mensuales. Mucha gente realiza trabajos monótonos y duros durante años pensando en los beneficios de la jubilación y del ahorro. La conciencia de las necesidades de seguridad dirige su comportamiento en el trabajo.

3. Las *necesidades sociales* surgen después de satisfacer las necesidades fisiológicas y de seguridad. Este nivel se refiere a la amistad, al sentido de participación y a la satisfacción de la interacción con otras personas. En las organizaciones, los

trabajadores hallan esta satisfacción en unas relaciones personales frecuentes, en la supervisión que se hace de sus trabajos y en la aceptación por parte de los compañeros. La participación en grupos de trabajo informales satisface por lo general las necesidades sociales. Estos grupos de trabajo establecen unas determinadas pautas, como las pautas de comportamiento y/o de producción. El grupo decide cómo es un día normal de trabajo. Rara vez esas pautas se expresan en palabras, pero serán muy pocas las personas que las sobrepasen o que no lleguen a ellas. Y no porque el grupo obligue a los individuos a obedecer a unas reglas fijas, sino porque las personas sienten la satisfacción de participar y de ser aceptadas por sus colegas.

4. Las *necesidades del ego, de status y de estima* se refieren al auto-respeto (auto-estima) y a recibir de los otros el respeto por sus realizaciones, así como al desarrollo de su auto-confianza y de su prestigio.

Las necesidades de auto-estima están relacionadas con las opiniones que el individuo tiene sobre sí mismo. Se expresan en el deseo de poder, de conquistar, de estar a la altura, de dominar lo que hace, de ser competente; también en la confianza para afrontar la realidad y en el deseo de ser independiente y libre.

Todo esto incluye también la opinión de los demás y abarca cosas como el deseo de prestigio, el *status,* el dominio sobre áreas determinadas, el reconocimiento, la atención, la importancia y el aprecio que reciben. Con todo, las personas sólo dan valor a la estima de los demás cuando ellas mismas creen que realmente se lo han conquistado.

Supongamos, por ejemplo, que Juan ha terminado su informe tres días antes de la fecha prevista y se lo entrega al jefe. Éste le echa un vistazo y dice: «Buen trabajo». La respuesta satisface la necesidad de estima que siente Juan. Pero supongamos que el jefe le dice: «Juan, en los doce años que llevo trabajando aquí, nadie ha hecho un informe más completo y exacto que éste. Es el mejor texto que me han presentado». Si Juan cree que su jefe no está siendo sincero, esas palabras no le sirven de nada, y su necesidad de estima sigue insatisfecha.

Estos dos tipos de necesidades del ego están íntimamente relacionados. En general, las opiniones de los demás influyen en la opinión que tenemos sobre nosotros mismos. Y, a su vez, las opiniones ajenas también pueden reflejar lo que nosotros pensamos de nosotros mismos.

Los líderes pueden atender a las necesidades del ego que se manifiestan en el lugar de trabajo. Cuando las personas cumplen adecuadamente una tarea concreta, el líder y otros gestores pueden reconocer sus habilidades y darles títulos o cargos más elevados (Gerente, Contable, Jefe de Personal...). Eso produce satisfacción.

(La verdad es que la mayor parte de las personas no logra satisfacer sus necesidades de auto-estima y de estima de los demás por el mero hecho de acudir al trabajo, de conservar su empleo y de mantener una buena relación social). Las personas exhiben sus necesidades del ego cuando buscan oportunidades de realización, reconocimiento, progreso y mayores responsabilidades; cuando trabajan duro para adquirir nuevas habilidades; cuando tienen orgullo por mantener elevadas pautas de actuación; cuando encuentran mejores maneras de realizar su trabajo; y cuando mantienen la esperanza de ascender en su carrera profesional. Si las empresas ofrecen oportunidades para todo eso, el trabajo se transforma en importante fuente de satisfacción del ego. Si el empleo no da oportunidades para la satisfacción personal, las personas acaban por invertir sus energías en otras cosas.

5. La *auto-realización* es el nivel más alto de la jerarquía de necesidades y se refiere a la sensación de realización que tienen las personas cuando maximizan sus capacidades, habilidades y potencial.

Esas necesidades de auto-realización impulsan a las personas a llegar a ser todo lo que pueden ser. Quienes tienen fuertes necesidades de auto-realización dedican la mayor parte de sus energías al desarrollo de su potencial creativo. No sólo para ganar más dinero, hacer nuevos amigos y ser respetados, sino porque quieren satisfacer el potencial que Dios les dio.

La auto-realización funciona de distinta forma en cada individuo. Una persona puede tener el deseo de ser la madre o la esposa ideal. Otra puede pretender adquirir un gran desarrollo atlético. Y otros desarrollan su potencial como pintores, escritores, bailarines, alpinistas o jardineros.

En el lugar de trabajo, las personas con necesidades dominantes de auto-realización tienen diversas características. Procuran tener un tipo de trabajo que:

1. Signifique un desafío.
2. Permita un enfoque creativo.
3. Posibilite el progreso y el crecimiento personal.
4. Permita fijarse unas metas propias.
5. Desarrolle su potencial creativo.
6. Permita que se produzcan cambios como resultado de sus esfuerzos personales.

> Bienaventurados los que logran satisfacer
> sus necesidades de auto-realización,
> porque conocerán su realización personal.

*Jerarquía de las necesidades según Maslow*

| *Factores generales* | *Niveles de necesidad* | *Factores específicos de la organización* |
|---|---|---|
| 1. Crecimiento<br>2. Realización<br>3. Progreso | Autorrealización | 1. Trabajo desafiante<br>2. Creatividad<br>3. Progreso en la organización<br>4. Realización en el trabajo |
| 1. Reconocimiento<br>2. *Status*<br>3. Auto-estima<br>4. Auto-respeto | Ego, *status* y estima | 1. Posición en el trabajo<br>2. Aumento salarial por mérito<br>3. Reconocimiento<br>4. El trabajo propio<br>5. Responsabilidad |
| 1. Compañerismo<br>2. Afecto<br>3. Amistad | Social | 1. Calidad de la supervisión<br>2. Grupo de trabajo compatible<br>3. Amistades profesionales |
| 1. Seguridad<br>2. Certeza<br>3. Competencia<br>4. Estabilidad | Seguridad y certeza | 1. Condiciones de trabajo seguras<br>2. Beneficios adicionales<br>3. Aumentos generales de salario<br>4. Empleo garantizado |

| | | |
|---|---|---|
| 1. Aire<br>2. Alimentación<br>3. Vivienda<br>4. Salud | Fisiológicas | 1. Calor y aire acondicionado<br>2. Salario básico<br>3. Comedor<br>4. Condiciones de trabajo |

## Niveles de necesidades

Los especialistas suelen dividir las necesidades en bajas (básicas) y altas (deseadas). Las necesidades bajas incluyen las fisiológicas y las de seguridad. Las personas necesitan tenerlas satisfechas antes de poder pasar a las necesidades más altas.

Entre las necesidades más altas tenemos las sociales, las de estima y las de auto-realización. Por lo demás, las personas rara vez encuentran la satisfacción total de estas necesidades. Las necesidades bajas alcanzan un punto de saturación (cuando comemos y disponemos de una cama confortable, no deseamos más comida ni otro lugar para dormir).

Las necesidades más altas se mantienen como fuentes potenciales de motivación. Maslow observó que, cuando son inicialmente satisfechas, estas necesidades más altas adquieren una importancia aún mayor para los individuos. Pueden llegar a ser más importantes que las necesidades más bajas, y algunas personas abandonan voluntariamente, por algún tiempo, la satisfacción de las necesidades más bajas si con ello logran alcanzar la satisfacción de un nivel más alto de necesidad.

Por ejemplo, Juan trabaja duro en su informe y se queda sin dormir tres noches para poder terminarlo. Emplea toda su energía y todo su tiempo en el informe, porque espera satisfacer con él sus necesidades más altas (aunque el mismo Juan ignore todo ese mecanismo). Es posible que reciba una promoción o, como mínimo, un elogio de su jefe. Muchas personas acaban teniendo úlceras y hasta ataques cardíacos por su voluntad de sacrificar el bienestar físico para satisfacer sus necesidades más altas, especialmente las necesidades del ego.

## Valor de la jerarquía de las necesidades

El concepto de niveles de necesidades, desarrollado por Maslow, ayuda a explicar lo que motiva a las personas por lo general. Pero no dice a los líderes cuáles son las necesidades que motivan a un individuo en un momento dado. Diferentes personas pueden hacer la misma cosa, pero cada una de ellas por un motivo diferente.

Mary ayuda a Juan a desarrollar su idea, porque al hacerlo satisface sus propias necesidades de realización, una necesidad de su ego. Juan ayuda a Pablo a desarrollar su idea, porque eso satisface su necesidad de profundizar su amistad, una necesidad social. Samuel, el jefe, apoya la idea de Juan, porque permite que se realice el trabajo y, por consiguiente, para él es sobre todo un paso en el sentido de satisfacer sus necesidades de seguridad.

Los líderes deben darse cuenta de que la teoría de Maslow de la jerarquía de las necesidades es *dinámica*. Lo cual significa que nunca podemos referirnos a todo el conjunto de la actuación de un individuo y decir, por ejemplo: «Ahora está actuando de acuerdo con su necesidad social», o «está reaccionando a partir de su necesidad de seguridad»... Las necesidades de las personas varían de un día para el siguiente, y hasta de un minuto a otro. En cualquier situación, puede estar actuando sobre una persona más de una necesidad.

Además de eso, también varía la intensidad de cada una de las necesidades. No sólo varía de unos individuos a otros, sino también dentro de la vida de un mismo individuo. El lunes Juan puede tener una gran necesidad de compañía, y el martes puede preferir estar solo.

Aunque las necesidades más altas nunca quedan completamente satisfechas, los líderes pueden trabajar con este concepto de necesidades como fuente potencial de motivación. Apelando a las necesidades más altas, los líderes pueden motivar a los individuos a hacer más de lo que se podría esperar en la realización de un trabajo.

Si los líderes aceptan el punto de vista de que el comportamiento de las personas es motivado principalmente por el deseo de satisfacer sus diversas necesidades, eso va a influir bastante en su liderazgo. Los gestores pueden entonces proporcionar el ambiente y el tipo de trabajo que permita a las personas dedicar su esfuerzo a actividades que sean, como mínimo, interesantes, que impliquen desafíos y que conlleven algunas relaciones sociales satisfactorias, además de reconocimiento y autonomía.

Finalmente, la jerarquía de las necesidades desarrollada por Maslow no dice a los líderes cómo motivar a las personas. A pesar de ello, los especialistas la consideran útil para reconocer los problemas de la motivación en los ambientes de trabajo.

Los gestores más experimentados hacen todos los esfuerzos posibles por conocer a las personas con las que trabajan. El liderazgo eficiente comienza por comprender a las personas y saber percibir las claves de su comportamiento y de las necesidades que se esconden detrás de sus acciones. A partir de ahí, el líder debe buscar los medios para satisfacer esas necesidades.

En su artículo «The Importance of Knowing Your Employees' Needs»[1], Arthur Sondak analiza la jerarquía de las necesidades para descubrir el comportamiento típico de cada nivel. A partir de ahí, sugiere lo que los gestores pueden hacer para mostrar a los empleados, en cualquier nivel, cómo su trabajo puede satisfacer sus necesidades.

He utilizado ese análisis de Sondak para adaptar y presentar los siguientes cuadros para los líderes:

### Necesidad de certeza y seguridad

*¿Cómo se comportan las personas?*

1. Son precisas, ordenadas y sistemáticas en los negocios y en la vida personal.
2. Concienzudas; procuran hacer un buen trabajo.
3. Con mucho tacto y diplomacia; cooperan y se adaptan; conscientemente evitan polemizar con los demás.

---

1. SONDAK, Arthur, «The Importance of Knowing your Employees' Needs»: *Supervisory Management* 25/5 (mayo 1980).

4. Mantienen el lugar del trabajo en perfecto orden.
5. Interesadas y preocupadas por los programas de seguridad de la organización y por los niveles de los beneficios.

| | |
|---|---|
| NOTA: | por lo general, los empleados nuevos muestran este tipo de comportamiento. |

*¿Qué desean las personas?*

1. Evitar todo cuanto pueda amenazar su seguridad.
2. Que no se produzca ningún cambio brusco sin previo aviso o sin una preparación cuidadosa.
3. Compartir las responsabilidades.
4. Que se detallen con exactitud las atribuciones y los medios para realizarlas.
5. Que el comportamiento de los gestores sea previsible.
6. Que el liderazgo sea alentador y muestre cómo hay que hacer el trabajo.
7. Certeza de que están haciendo lo que deben o se espera de ellas.

*¿Qué deben hacer los gestores?*

1. Dar instrucciones claras, para que las personas sepan realizar el trabajo.
2. Estimular a las personas. Acrecentar su confianza.
3. Proporcionar confianza mediante frecuentes elogios a lo que las personas hacen bien.
4. Prestar apoyo, especialmente cuando las cosas resultan difíciles.
5. Explicar los cambios antes de hacerlos, porque la necesidad de seguridad de las personas les hace recelar de los cambios.

## Necesidad de participación y afecto

*¿Cómo se comportan las personas?*

1. Son amistosas y abiertas. Quieren hacer amigos.
2. Vinculadas a la familia y al grupo, tanto en el trabajo como fuera de él.
3. Colaboradoras y con buena voluntad; procuran agradar.
4. Buenos trabajadores y buenos miembros del equipo.

*¿Qué desean las personas?*

1. Ser aceptadas y queridas; participar, tanto profesional como personalmente.
2. Tener sensación de realización y evidencia de que se aprecian sus esfuerzos, porque ello supone aceptación.
3. Sinceridad en las relaciones con los demás. Las personas perciben cuándo se finge y se manipula, y eso desmotiva a los empleados.
4. Que no haya cambios bruscos, especialmente sin previo aviso. Los trabajadores consideran los preparativos para los cambios como sinónimo de interés por las personas como individuos.

*¿Qué deben hacer los gestores?*

1. Mostrar un sincero interés por las personas como individuos.
2. Prestar apoyo y elogiar con regularidad las cosas que se hacen bien.
3. Demostrar cariño y aceptación, mostrando a las personas cómo hacer el trabajo más fácil.
4. Implicar a las personas en esfuerzos efectivos de grupo: de ahí brota el trabajo en equipo.
5. Avisar con antelación y explicar los cambios, solicitando opiniones antes de hacerlos efectivos.

### Necesidad de estima y reconocimiento

*¿Cómo se comportan las personas?*

1. Son sociables, amistosas y abiertas; hacen amigos con facilidad y toman la iniciativa; actúan socialmente con seguridad.
2. Equilibradas, confiadas y de marcada personalidad; están a gusto en cualquier situación y con cualquier otra persona; capaces de enfrentar nuevas situaciones, incluso disfrutando de ello.
3. Interesadas en todo tipo de actividades.
4. Encajan con facilidad y no tienen problema para trabajar con otros.
5. Con frecuencia procuran liderar, tanto en el trabajo como en las situaciones sociales.
6. Pueden tratar de ser el centro de la atención.

*¿Qué desean las personas?*

1. Reconocimiento, *status,* popularidad y atención.
2. Variedad en el trabajo e implicación en actividades externas.
3. Auto-respeto y respeto por parte de los otros en relación a las habilidades, conocimientos y realizaciones.
4. Gran implicación con las personas, que lleva al reconocimiento de las cosas bien hechas.
5. Fuerte identificación con el grupo o la organización.
6. Por su necesidad de mostrar sus habilidades, no les gusta ser tratadas como números ni ser objeto de un control estricto o excesivo.

*¿Qué deben hacer los gestores?*

1. Ofrecer oportunidades para el trabajo en grupo.
2. Proporcionar oportunidades de variedad en las atribuciones, principalmente en el caso de proyectos especiales.
3. Dar la oportunidad de hacer cosas y reconocer después los logros.

## Necesidad de auto-realización y crecimiento

*¿Cómo se comportan las personas?*

1. Se mantienen técnicamente actualizadas en su ocupación.
2. Buscan problemas que resolver.
3. Hacen preguntas. Y procuran mejorar las cosas.
4. Abordan los problemas de una manera analítica. Y siempre preguntan: «¿Por qué?».
5. Esperan que los cambios tengan sentido, y entonces se adaptan con facilidad (en caso contrario, los cuestionan).
6. Muestran pocos cambios emocionales; ponen el énfasis en los hechos y en la objetividad.

*¿Qué desean las personas?*

1. Desafío y estímulo.
2. Nuevas atribuciones y problemas por resolver.
3. La oportunidad de hacer algo que merezca la pena, para aprender y crecer.

*¿Qué deben hacer los gestores?*

1. Destacar los nuevos conocimientos y la asignación de nuevas tareas. Presentar problemas e investigaciones por resolver, principalmente atribuciones creativas.
2. Hacer consultas antes de efectuar cambios. Confiar en que sus análisis e *insights* ayudarán a mejorar el plan. Siempre que sea posible, permitir que sean ellas mismos quienes evalúen la necesidad de cambio.
3. Ayudar a las personas a mejorar. Hacer que fluyan los conocimientos relevantes y preparar a las personas para el progreso en el trabajo.
4. Ayudar a promover el autodesarrollo en el trabajo y fuera de él. Identificar las fuentes y suministrar recursos.
5. Proporcionar oportunidades de trabajo en las que aplicar los resultados de su autodesarrollo.

## EJERCICIO: Jerarquía de las necesidades de Maslow

*Preguntas para la discusión en grupo*

1. Analiza con tu grupo las acciones que la dirección puede emprender para motivar a los empleados en cada uno de los niveles de la jerarquía de necesidades.

   a. Necesidades básicas ______________________________
   ______________________________
   ______________________________

   b. Necesidades de seguridad ______________________________
   ______________________________
   ______________________________

   c. Necesidad de participación ______________________________
   ______________________________
   ______________________________

   d. Necesidad de estima ______________________________
   ______________________________
   ______________________________

   e. Necesidades de auto-realización ______________________________
   ______________________________
   ______________________________

2. ¿Hasta qué punto consideras útil la teoría de Maslow en la gestión moderna?

______________________________
______________________________

3. *Individualidad:* ¿Cuál de las cinco necesidades te motiva más? ______________________________

   ¿Y cuál es la segunda? ______________________________

Describe el tipo de trabajo que satisface mejor esas necesidades: ______________________________
______________________________

*Discusión en grupo:* lee tus respuestas a los demás y dialoga con ellos al respecto.

# 8
# Estudio de los dos factores

¿Motivación? Muchas personas aprecian la teoría de Maslow y la consideran útil. Pero no debemos olvidar que se trata de una *teoría,* no de una serie de hechos comprobados. En este capítulo queremos examinar otra teoría de la motivación.

Frederick Herzberg propone una segunda teoría, bastante próxima a la desarrollada por Maslow. Los especialistas le denominan «Teoría de los Dos Factores», o «Teoría de la Higiene de la Motivación», y ha sido objeto de la aprobación por parte de los líderes en todo el mundo.

*Revisión:*

La MOTIVACIÓN viene de dentro y actúa a partir de los deseos y necesidades sentidos por el individuo. Pero la satisfacción de esas necesidades depende de factores externos. Hasta qué punto las personas logran satisfacer sus necesidades internas, va a depender de las oportunidades que les ofrezca el trabajo que realizan, así como el ambiente en que viven y trabajan.

El estudio de Herzberg trata de descubrir los factores externos a las situaciones de trabajo que influyen en los sentimientos de las personas sobre su motivación en el trabajo. Herzberg utilizó un enfoque sumamente simple: en la entrevista que mantenía con cada individuo estudiado, hacía dos preguntas (por eso bautizaron su investigación con el nombre de «Teoría de los Dos Factores»):

1. «¿Qué te gusta a ti de tu trabajo?». Algunas veces dio otra forma a su pregunta: «¿Puedes describir detalladamente cuándo te sientes excepcionalmente feliz respecto de tu trabajo?»
2. «¿Qué no te gusta de tu trabajo? ¿Puedes describir detalladamente cuándo te sientes excepcionalmente infeliz respecto de tu trabajo»?

## Los factores de satisfacción

Herzberg identificó cinco factores que las personas mencionaban con mayor frecuencia cuando afirmaban sentirse felices en su trabajo. Los llamó «factores de satisfacción», o «motivadores». En orden de frecuencia, son los siguientes:

1. *Realización,* que demuestra la alegría de las personas respecto de lo que consiguen realizar. Se incluye aquí la realización con éxito de un trabajo, la resolución de problemas y el ver los resultados del trabajo realizado.
2. *Reconocimiento*, que es la agradecimiento (e incluso los cumplidos) que los individuos reciben por sus realizaciones. Las personas suelen asociar el reconocimiento con la realización.
3. *El propio trabajo,* incluido el nivel de interés, los retos y la variedad que conlleva y los medios para realizarlo, desde el comienzo hasta el fin. El grado en que las personas tienen que hacer uso de sus habilidades puede llevar a niveles más elevados de satisfacción en el trabajo.

   Hay interpretaciones encontradas acerca de si el trabajo debe exigir o no toda la gama completa de habilidades. Aunque la administración piense que esa exigencia existe, si los empleados piensan lo contrario (estén en lo cierto o no), pueden surgir problemas de satisfacción en el trabajo.
4. *Responsabilidad,* es decir, la realización del trabajo por parte de los individuos sin una supervisión inmediata. La responsabilidad puede referirse también a un nuevo tipo de trabajo, así como al trabajo de los otros.
5. *Progreso* (o crecimiento), que se centra en el potencial que el trabajo ofrece para el crecimiento, desarrollo y avance continuos.

Herzberg destacó otras dos importantes consideraciones:

1. Los empleados necesitan estar convencidos de que su rendimiento en el trabajo guarda relación con las oportunidades de crecimiento.

2. Cuanto mayor es el tiempo que las personas tienen que esperar a que se produzcan oportunidades de promoción, tanto menor es la influencia de las oportunidades de trabajo. Las personas necesitan ver los efectos tangibles e inmediatos de sus esfuerzos. Ello explica en parte el interés de muchas organizaciones por identificar lo antes posible y promover a los individuos excepcionales, desde el comienzo mismo de su carrera.

### Los factores de insatisfacción

Herzberg identificó también los cinco factores más frecuentes citados por las personas al hablar de su descontento en el trabajo. Los llamó «factores de insatisfacción» o «factores de higiene». Cuando los trabajadores los ven desde un punto de vista negativo, pueden causarles insatisfacción y ser bastante desmotivadores. Según la frecuencia con que se los menciona, son:

*1.* *La política y administración de la empresa,* en relación a la ineficacia, a la duplicidad de esfuerzos, al derroche de tiempo y de energías, a las luchas por el poder dentro de la organización y a las políticas que los empleados consideran injustas o perjudiciales.

*2.* *La supervisión,* relacionada con la competencia y la justicia de los jefes inmediatos. Aquí entraría la reticencia de los jefes a delegar funciones y a preparar a las personas para mayores responsabilidades. También habría que incluir a los jefes exageradamente críticos, severos y exigentes, a quienes los empleados consideran incompetentes para trabajar con las personas.

*3.* *El salario,* concretamente los aumentos salariales, que tardan mucho en producirse —o que se logran con mucha dificultad—, y la existencia de diferencias insuficientes entre los salarios de los empleados más antiguos y los más recientes.

4. *Las relaciones interpersonales (sociales),* a menudo en relación con ejemplos de mala supervisión administrativa y con los jefes que no logran entenderse con los empleados. La falta de habilidad de estos jefes para relacionarse influye en la relación social entre los empleados.

5. *Las condiciones de trabajo,* sobre todo en relación a la mala iluminación, al nivel de ruidos, a la calidad de la comida que proporciona la empresa, a la refrigeración y calefacción, a la limpieza...

¿TE HAS DADO CUENTA?

Siempre que las personas afirman sentirse bien en su trabajo, expresan cosas muy parecidas a las necesidades del ego y de la auto-satisfacción, tal como aparecen en la teoría de Maslow. Lo cual sugiere que las situaciones del trabajo pueden permitir y permiten a los individuos satisfacer esas necesidades.

Los individuos desean tener oportunidades de satisfacer su ego, y ello influye bastante en su motivación para el trabajo.

### *Factores de higiene y motivación*

Dos grupos de los factores identificados parecen funcionar independientemente uno del otro. El primer grupo hace que las personas se sientan bien en su trabajo, y ello es bueno para la motivación. Nosotros lo llamamos «grupo de factores de motivación».

El segundo grupo hace que las personas se sientan a disgusto o insatisfechas con su trabajo. Debido a su asociación con las características físicas del ambiente en el que las personas trabajan, y no con el propio trabajo, lo denominamos «grupo de factores de higiene».

La eficacia de los factores de motivación proviene del deseo del individuo de crecer y desarrollarse profesionalmente. Cuando las personas concretan sus ambiciones personales mediante el trabajo que hacen, encuentran mucha satisfacción en su rendimiento y hacen su trabajo lo mejor que pueden.

Los factores de higiene tienen muy poco que ver con el crecimiento personal. Por ejemplo, la iluminación deficiente o la mala calidad de la comida pueden influir en la dedicación de las personas al trabajo y en su propia realización. Pero una buena iluminación o una excelente comida no motivan a las personas para enfrentarse al trabajo.

Existe otra importante diferencia entre los factores relativamente fijos de higiene y los factores de motivación. Una persona no puede hacer gran cosa para cambiar las políticas de la empresa, la escala salarial, la supervisión, las condiciones del trabajo o la calidad de las relaciones interpersonales. Sin embargo, la mayoría de los factores de motivación constituyen otros tantos aspectos del trabajo en los que las personas sí pueden influir. Los individuos pueden proponerse a sí mismos metas elevadas de realización. Pueden trabajar por conseguir ser reconocidos. Y pueden mostrar su disposición a la responsabilidad o al progreso.

Cuando las personas ven que su trabajo es importante, se sienten motivadas para hacer más. Cuando constatan que su comportamiento influye en su propia situación de trabajo y en la de otras personas, aumenta su convicción de que es importante lo que hacen.

Pero si su comportamiento no tiene ningún efecto en la realidad de su propio trabajo, dejan de poner empeño e invierten cada vez menos energías en mejorar su trabajo.

### *La motivación del salario*

El hecho de que los individuos necesiten ver los resultados de sus propios esfuerzos ayuda a explicar por qué el salario no siempre funciona como elemento motivador. No en el sentido de que las personas no deseen más dinero, sino porque saben que en toda organización los salarios son relativamente los mismos en función del puesto que se ocupe. Saben que los aumentos de salario son automáticos (al ritmo de la antigüedad en la empresa) o que dependen del progreso individual (es claro, por eso, que el progreso sí es un factor de motivación). Hablando en términos generales, los salarios influyen en que los individuos busquen y consigan trabajo. Pero, cuando ya están empleados, les motiva más trabajar por la realización personal, por el reconocimiento, por el aumento de sus responsabilidades y por su propio progreso. Si tienen oportunidades para obtener estas cosas, estarán motivados. En caso contrario, pueden no trabajar más de lo estrictamente necesario para conservar su empleo.

Para que los salarios contribuyan a la satisfacción en el trabajo, el valor del aumento debe ser significativo, otorgado voluntariamente y conquistado (en el sentido de que refleje altos niveles de realización). Los empleados necesitan entender que los aumentos salariales que reciben se basan en su rendimiento.

UNA IMPORTANTE CONCLUSIÓN DE HERZBERG

La eliminación de la insatisfacción en el trabajo no motiva a las personas. Sólo hace logra que se sientan menos insatisfechas.

¿Qué significa eso, en términos prácticos? Las personas tienen un rendimiento medio cuando los líderes eliminan del ámbito de trabajo los factores de insatisfacción. El rendimiento extraordinario es el resultado de la presencia de factores de motivación (positivos).

Los factores de higiene proporcionan una base esencial para la motivación efectiva, pero en sí mismos no son motivadores. Lo único que hacen es establecer una base para los factores de motivación, lo mismo que una alimentación suficiente libera a las personas para satisfacer sus necesidades más altas, pero no garantiza que lograrán satisfacerlas.

## EJERCICIO: Tú y tu trabajo

La motivación es proporcionada por la interacción entre tres áreas:

1. Los individuos como recursos humanos.
2. Los requisitos de un trabajo en particular.
3. El carácter del clima de trabajo.

La satisfacción y la eficiencia en las atribuciones profesionales de los individuos dependen de que exista una combinación armoniosa entre estos tres elementos.

Los factores de estas tres áreas que pueden ser relevantes en tu motivación para el trabajo son:

1. *Las personas como recursos humanos.* Se incluyen aquí tus intereses, habilidades, capacidad, experiencia, educación, relaciones interpersonales, actitudes, temperamento, objetivos y toda el área de las necesidades psicológicas para la realización, el *status,* el reconocimiento, el poder, la aceptación, la influencia y el control. Estos factores te ofrecen el potencial de alto rendimiento en ciertos tipos de requisitos de trabajo.

2. *La naturaleza del trabajo y sus requisitos específicos.* Probablemente estás preparado para una serie de trabajos. La mayor parte de las personas tienen conciencia del tipo de trabajo para el que se hallan mejor preparadas y que pueden realizar con los más elevados grados de motivación y compromiso.

3. *El clima del trabajo.* Se refiere a las relaciones entre las personas, entre tú y las otras personas de tu organización. El clima tiene valores y normas que caracterizan su atmósfera y promueven o perjudican tu eficiencia como individuo.

TÚ COMO RECURSO (lo que tú proporcionas al trabajo)

1. Lo que consideras como tus mayores atributos: (por ejemplo, tus habilidades, tus hábitos en el trabajo, tus necesidades, tus objetivos, tu temperamento. No intentes «promocionarte», sino trata de expresar con sinceridad cómo te ves a ti mismo):
   ______________________________________________
   ______________________________________________
   ______________________________________________

APLICACIÓN DE TUS RECURSOS

1. Procura recordar una experiencia en la que diste tu mejor rendimiento. Haz una lista de los factores que te ayudaron a conseguirlo.

   *Nota:* Esta pregunta te da la oportunidad de reflexionar sobre tus propios recursos (las cualidades que tal vez no usas frecuentemente). No limites tus respuestas a situaciones relacionadas con el trabajo; incluye también situaciones relacionadas con tu ocio, con otro tipo de actividades en incluso con tu vida hogareña.
   ______________________________________________
   ______________________________________________
   ______________________________________________

2. Trata de recordar una ocasión en la que tu trabajo no fuera bueno. Haz una lista de los factores que contribuyeron a tu falta de rendimiento.
   ______________________________________________
   ______________________________________________
   ______________________________________________

3. En mi trabajo, lo que más deseo es______________
   ______________________________________________
   ______________________________________________

4. En los próximos cinco/diez años, me gustaría lograr
   ______________________________________________
   ______________________________________________

*El clima de trabajo*

1. Yo sería más eficiente en un tipo de trabajo en el que____________________________________________________________________________________________________________________________________________

2. Yo deseo un tipo de relación que me permita__________________________________________________________________________________________________________________

3. Tres cosas útiles que hago por los demás:_________________________________________________________________________________________________________________

4. Tres cosas que me gustaría hacer mejor, para poder ayudar más a los otros: __________________________________________________________________________________________________________________________________________________________________________

ACTITUDES + COMPORTAMIENTO = MOTIVACIÓN

| Indicador de motivación positiva | Falta de motivación, o motivación negativa |
|---|---|
| Alto rendimiento/resultados | Alto absentismo/ bajo rendimiento/resultados pobres/retrasos |
| Entusiasmo/energía/ determinación | Apatía/indiferencia/pereza |
| Procurar medios deseables para resolver problemas | Demasiadas disputas/quejas |
| Cooperación/ deseo de aceptar responsabilidad | Falta de cooperación/ irresponsabilidad |
| Apertura a los cambios/ voluntad de adaptarse | Resistencia a los cambios |

*¿De quién es la responsabilidad?*

El líder del grupo de trabajo tiene la responsabilidad de motivar a su equipo. Goza de las mejores oportunidades de crear ambientes en los que las personas den lo mejor de sí mismas en beneficio del trabajo. Aunque hay factores que pueden estar fuera de su influencia, como el salario y las condiciones de trabajo, sin embargo pueden motivar a las personas dándoles responsabilidades, trabajo compensador y oportunidades para el progreso y el crecimiento.

Tanto la investigación como la experiencia práctica en las organizaciones muestran la importancia de esos factores de motivación.

# 9
# Comportamiento desmotivado

¿Porqué hablar tanto de motivación? He aquí un importante principio a recordar:

| |
|---|
| Para poder alcanzar los objetivos de su organización,<br>cuando trabajan con otras personas,<br>los líderes eficientes deben atender<br>a las necesidades dinámicas de sus subordinados. |

¿Qué es necesario para que el líder atienda a esas necesidades dinámicas:

* conciencia y percepción;
* esfuerzos continuos y conscientes
* o, simplemente, buenas técnicas de liderazgo;

Cuando no ven atendidas sus necesidades, las personas se sienten dominadas por la frustración, y su comportamiento está marcado por:

* Resistencia
* Inflexibilidad
* Retrasos y absentismo
* Accidentes
* Reducción de la productividad
* Aumento de desperdicio de materiales, dinero y tiempo
* Apatía, malhumor y discusiones.

Estas pautas de comportamiento están diciendo a los líderes eficientes que algo no va bien.

¿Y no es precisamente la finalidad de ese comportamiento (aunque sea inconscientemente) mostrar la frustración, en un intento de suprimir sus causas.

Los gestores se esfuerzan en prevenir que surja la frustración. Cuando ésta aparece, los errores cometidos en el intento de controlar la situación muestran las ineficiencias básicas del gestor. Por lo general, el líder actúa sobre el síntoma (el comportamiento) y no sobre la causa. El verdadero problema está en descubrir las razones por las que empeora el comportamiento de los empleados. Para buscar las respuestas, el gestor debe descubrir cuáles son las necesidades de los empleados que no están siendo satisfechas.

Los líderes deben saber ver los síntomas de frustración. Cuando los individuos se sienten frustrados, su comportamiento sufre profundos cambios, y ya no se puede confiar en ellos, porque ocasionan muchas dificultades. En lugar de usar sus conocimientos y su poder de raciocinio para obtener resultados, los trabajadores frustrados se vuelven muchas veces infantiles y destructores, llegando incluso a comportarse con maldad.

Las personas muy frustradas pueden actuar con violencia. Y de nada sirve censurarlas, porque con ello se añade uno más a sus problemas y se complica aún más la situación. Como ocurre en todos los demás tipos de comportamiento, la frustración tiene una causa. Los líderes eficientes saben que deben hallar esa causa (o causas) y eliminarla/s para poder corregir el problema.

Cuando se conocen los síntomas, se pueden buscar las causas. Cualquier señal de frustración debe indicar a los líderes atentos que necesitan realizar ajustes. En los casos individuales, los líderes eficientes procuran conocer el pasado y la historia de la persona. Una comprensión íntima de las características de la personalidad del trabajador, así como de sus actitudes, ayuda a explicar muchas de las causas de la frustración. Claro que el líder debe conquistar la confianza de la persona para poder ayudarla.

Las personas reaccionan de diversas maneras a la frustración. El líder eficiente tiene que percibir con facilidad los síntomas, porque los individuos frustrados adoptan generalmente uno de estos modos de comportamiento:

* Ataque
* Retraimiento
* Desviaciones
* Resignación.

Veamos cómo funciona cada uno de ellos.

### *1. Comportamiento de ataque*

Por lo general, el ataque toma la forma de abuso verbal, no de violencia física. Cuando las personas frustradas tienen miedo de quienes ellas creen que son los causantes del problema, intentan destruir la reputación del enemigo con rumores o chismes sobre ellos. Individuos que intentan vengarse difunden en las organizaciones rumores llenos de violencia.

La fase de ataque, cuando hay frustración, se manifiesta a través de varios tipos de comportamiento agresivo, como:

* Hacer críticas injustas contra el jefe o los jefes, o contra la organización
* Averiar el equipamiento
* Deteriorar y desperdiciar materiales
* Absentismo excesivo
* Reclamaciones frecuentes y constantes
* Hostilidad contra los colegas de trabajo
* Difundir rumores falsos y chismes maliciosos

Los gestores manifiestan comportamientos de ataque cuando

* Aplican castigos muy duros
* Aplican una disciplina muy rigurosa por faltas menores
* Culpan a los empleados de los errores de la administración

*Importante:* Si deseas ser un líder eficiente, debes

* Aprender a reconocer los comportamientos de ataque
* Determinar sus verdaderas causas
* Preguntarte si existen causas reales de insatisfacción.

### *2. Comportamiento de retraimiento*

«Retraerse» significa apartarse o dejar el campo de acción. Por lo general, este comportamiento se manifiesta en forma de mala disposición a aceptar nuevas responsabilidades. Otras señales bastante habituales son:

* Bromas de mal gusto
* Reclamaciones frecuentes
* Absentismo.

> UNA SUGERENCIA PARA RECORDAR
>
> El absentismo no motivado por una enfermedad física suele revelar sentimientos de frustración.

### *3. Comportamiento de desviación*

Cuando una persona sustituye por otro objetivo aquel que no consigue alcanzar, o cuando encuentra otras maneras de satisfacer sus necesidades, los especialistas dicen que esa persona está «desviando». Cuando se enfrentan a bloqueos u oposición, las personas pueden encontrar alguna satisfacción si logran zafarse:

* Aparentando ser más importantes
* Conquistando la atención o la simpatía de otros
* Alardeando o mintiendo.

De una manera más constructiva, pueden satisfacer sus necesidades sustituyéndolas por acciones como:

* Pasatiempos
* Intereses externos
* Ejercicio, deportes, diversiones.

Cuando los individuos se ven impedidos de emplear un comportamiento de ataque contra las interferencias, pueden liberarse atacando a otras personas distintas. Ejemplos:

1. Por miedo a atacar a sus superiores, un empleado va a su casa y riñe con su esposa.

2. Una supervisora criticada por un superior encuentra alivio a su frustración criticando injusta y públicamente a una de sus subordinadas en un asunto que no era de su incumbencia.

Es frecuente que las personas frustradas ataquen a personas inocentes.

### *4. Comportamiento resignado*

Cuando las personas se entregan por completo a las circunstancias de la frustración, es que han llegado al estadio de resignación o sumisión. Dan salida a su frustración haciendo declaraciones como:

* «De nada sirve insistir»
* «No puede hacerse nada al respecto»
* «Esto no va a mejorar nunca».

Cuando los empleados se niegan a aceptar cualesquiera nuevas responsabilidades o a aprender nuevas habilidades, lo primero que hacen los gestores experimentados es ver la frustración como posible causa.

Síntomas de la frustración

| *Comportamiento de ataque* | *Comportamiento de retraimiento* | *Comportamiento de desviación* | *Comportamiento de resignación* |
|---|---|---|---|
| (Agresión) | (Abandonar el campo) | (Sustituir objetivos) | (Desistir) |
| Riñas | Volverse más lento | Cambiar de objetivo | Perder el interés |
| Sabotaje | Faltar | Mentir/vanagloriarse | Pereza |
| Huelgas | Dejar que otros hagan el trabajo | Presentarse como candidato a elecciones en un grupo cívico o social | Rehusar la promoción |
| Quejas | Retrasos | Deportes y pasatiempos | Rehusar prepararse para otras cosas |
| Abuso verbal | Pedir cambio de puesto | Prescindir de los demás | Recordar los «buenos tiempos» |
| Hostilidad contra colegas de trabajo | Crear chismes | | |
| Culpar a los demás | Hacer bromas pesadas | | |

## Factores de desmotivación en el trabajo

El Dr. Mortimer Feinberg, que realiza talleres sobre la «Eficiencia de gestión», ha hecho extensas investigaciones sobre las razones que desmotivan a las personas y lo que los líderes pueden hacer al respecto.

En uno de esos talleres observó que los gestores llevaban años diciéndose: «estas personas no rinden». Naturalmente, aquellos líderes frustrados decidían despedir a las personas que manifestaban un comportamiento negativo o desmotivado. Pero ese procedimiento nunca producía resultados: venía un nuevo trabajador y no tardaba en mostrar los mismos síntomas. La verdadera respuesta podía estar en el hecho de que el propio trabajo conllevara elementos desmotivadores. Y esos elementos desmotivadores hacen que los empleados inicialmente entusiastas pierdan toda su motivación.

El Dr. Feinberg define ocho áreas principales de desmotivación. Descubrió también las pistas que revelan dónde está el elemento desmotivador. Cuando las personas trabajan en una o más de las condiciones adversas que vamos a enumerar, tienen buenas razones para sentirse desvinculadas.

1. *Falta de objetivos claros de trabajo.* Cuando los individuos no saben lo que se espera de ellos, o no tienen pautas claras de rendimiento, el trabajo no va adelante. Cinco pistas indicativas de esta situación:

   * Falta de respeto por los supervisores
   * Disculpas justificativas, como «Nadie me dijo que...»
   * Trabajar al margen o duplicando esfuerzos
   * Discusiones sobre los procedimientos
   * Preguntas vagas sobre qué hacer a continuación.

TRES SUGERENCIAS PARA LOS LÍDERES

1. Ten en cuenta cada tarea y a cada individuo.
2. Ten claras las expectativas.
3. Comunica tus expectativas a tus subordinados.

2. *Pautas demasiado elevadas.* Cuando su rendimiento es considerablemente menor de lo esperado, porque se han propuesto objetivos inalcanzables, las personas quedan desilusionadas. Señales de esta situación:

    * Actitudes del tipo «¿Y ahora...?»
    * Ignorar las pautas de calidad
    * Resistencia a cooperar con los demás
    * Reacción de rechazo ante cualquier petición
    * Encubrimiento de los errores.

> SUGERENCIAS PARA LOS LÍDERES
>
> Revisa tus pautas operativas y pregúntate:
> ¿Sería bueno revisar nuestros objetivos a largo plazo?
> ¿Necesitan las personas metas a más corto plazo?

3. *Disciplina exageradamente holgada.* Cuando los gestores no hacen cumplir los reglamentos, los trabajadores, por lo general, pierden el respeto a las políticas y a los procedimientos. Algunas pistas:

    * Frecuentes bromas y distracciones en horas de trabajo
    * Abundantes errores por omisión
    * Retrasos excesivos y/o absentismo
    * Ninguna atención a los detalles
    * Maltratar el equipamiento.

> SUGERENCIAS PARA LOS GESTORES
>
> Revisa los reglamentos.
> Abandona los que no es posible hacer cumplir.
> Haz saber a todos, hablando y dando ejemplo, que vas a tratar de hacer que se cumplan los reglamentos vigentes, con justicia, pero de manera estable.

4. *Exceso de presión desde arriba.* Los trabajadores se desmotivan y se tornan ineficientes cuando experimentan que los líderes los «estrujan». Pistas para que sepas cuándo sucede esto:

* Quejas frecuentes sobre la carga de trabajo
* Exagerada cantidad de peticiones de cambio de puesto
* Movimiento excesivo, agitación en el trabajo
* Estallidos de tensión entre las personas
* Irritación ante nuevas atribuciones.

> CUATRO SUGERENCIAS PARA LOS GESTORES
>
> 1. No aflojes las pautas.
> 2. Procura ser menos omnipresente.
> 3. Delega más poderes en otros, cuando lo creas conveniente.
> 4. Si la delegación de poderes no es conveniente, da ocasión a que los trabajadores expresen sus puntos de vista.

5. *Contacto inadecuado con la administración.* Cuando las personas no tienen suficiente contacto con los jefes, ni acceso a ellos, se sienten abandonadas por quienes ocupan los puestos más elevados. El líder puede detectar este elemento desmotivador cuando:

    * Son pocos los trabajadores que vienen a hablar con él
    * Parece que las instrucciones de la administración son deliberadamente mal comprendidas
    * Se perciben actitudes de sarcasmo e ironía con respecto al trabajo
    * Abundan los rumores y los chismes
    * Los empleados no tienen en cuenta a su líder.

> SUGERENCIAS PARA LOS GESTORES
>
> 1. Demuestra mayor preocupación por los problemas e interés por las personas, en el trabajo y fuera de él.
> 2. Da tú el primer paso, acércate. Procura descubrir cómo les van las cosas.
> 3. Hazles percibir que te interesas por ellos.

6. *Crítica exageradamente fuerte.* La crítica, aunque sea constructiva, puede desgastar la voluntad de producir, a no ser que venga suficientemente equilibrada con aspectos positivos. Algunos indicios:

* Memoria puntillosa de todo lo que se hace y se dice
* Se evita hablar con el gestor
* Se rehúsa revelar los problemas y hablar sobre el progreso del trabajo
* Alta irritabilidad
* Actitudes tensas.

SUGERENCIAS PARA LOS GESTORES

1. Revisa la cantidad de elogios que haces.
2. Crea oportunidades para elogiar a las personas cuando hagan bien las cosas.
3. Haz que también otros de la organización sepan que has aplaudido el trabajo bien hecho.
4. Equilibra las críticas con sugerencias constructivas y ofrece ayuda (pero no hagas simulaciones ni ofrezcas falsas garantías).

7. *Condiciones inadecuadas de trabajo.* Las personas se resienten por las dificultades debidas a la indiferencia de la organización ante sus condiciones de trabajo. Algunas cosas que alertan al líder sobre esta situación:

* Reclamaciones frecuentes
* Observaciones de que las personas de otros departamentos gozan de mejores condiciones
* Retrasos y problemas imprevistos
* Falta de cuidado del equipamiento y de los materiales
* Dejar de hacer los pequeños ajustes necesarios
* Frecuentes llamadas para reparaciones o consultas a técnicos.

¿QUIERES ALGUNA OTRA SUGERENCIA?

1. Haz un inventario completo de todo el equipamiento y de las condiciones de trabajo.
2. Compara condiciones semejantes, dentro y fuera de la organización.
3. Si fuera necesario hacer cambios y si tienes que luchar por ellos con los jefes, asegúrate de que tu personal lo sepa.

8. *Abdicación del papel de liderazgo.* Los trabajadores quieren que haya liderazgo. Cuando los gestores no lo proporcionan, surgen problemas, según se indica en estas pistas:

* Surgen líderes informales
* Discusiones sobre privilegios y prerrogativas
* Formación de facciones
* Falta de respeto a la autoridad
* Se dejan de lado las instrucciones o indicaciones
* Fuerte resistencia a los cambios.

SUGERENCIAS FINALES PARA LOS GESTORES

1. Recupera tu puesto de liderazgo, no con muchas palabras altisonantes, sino con el ejemplo.
2. Establece objetivos claros.
3. Camina en dirección a su conquista.

Esos elementos básicos de desmotivación pueden manifestarse en cualquier situación de trabajo. Por consiguiente:

1. Mantén los ojos abiertos a las señales
2. Busca las causas desmotivadoras
3. Adopta las acciones necesarias para corregirlas o eliminarlas

## EJERCICIO mental para dialogar en grupo

1. Haz este ejercicio individualmente.
2. En el grupo, abre una discusión franca y libre, tratando de recordar experiencias personales.
3. Después del diálogo en grupo, saca conclusiones prácticas sobre:
   A. Cómo los líderes y los trabajadores pueden mejorar sus relaciones.
   B. Cómo los líderes pueden motivar a sus subordinados.

| | Cierto | Falso |
|---|---|---|
| 1. La frustración se produce cuando las personas no pueden alcanzar los objetivos que satisfagan sus necesidades. | ______ | ______ |
| 2. La acción agresiva es la mejor manera de superar la frustración. | ______ | ______ |
| 3. Un buen modo de aliviar las tendencias agresivas es mantenerse ocupado e interesado en actividades constructivas. | ______ | ______ |
| 4. Si un subordinado estalla conmigo sin motivo aparente, yo debo disculparlo y olvidar el incidente. | ______ | ______ |
| 5. Asegurar los elogios merecidos es una forma de castigo. | ______ | ______ |
| 6. Los elogios hacen que las personas se sientan tan bien que debo elogiar a todo el mundo, se lo merezcan o no. | ______ | ______ |
| 7. El salario, la seguridad y las condiciones de trabajo aumentan el deseo de realización del individuo y, por consiguiente, funcionan como factores de motivación. | ______ | ______ |
| 8. La satisfacción de las necesidades de los empleados hace aumentar automáticamente la producción y la voluntad de trabajar. | ______ | ______ |
| 9. La productividad guarda relación con el incentivo que los gerentes sepan ofrecer a las sugerencias de los subordinados. | ______ | ______ |

# 10
# Sugerencias para un liderazgo eficiente

La mayoría de los líderes desean ser más eficientes en su liderazgo. Algunos piensan que sólo les hace falta aprender las técnicas. Otros suponen que necesitan aprender una fórmula mágica o método a prueba de errores. Pero el llegar a ser un líder eficiente lleva toda la vida. Una parte de la habilidad resulta de la experiencia, de aprender a través de los errores, de sacar provecho de la experiencia y de los errores ajenos, del *insight* personal y del aprendizaje de técnicas sencillas y orientadas a la persona.

No hay quien pueda hacer de otra persona un líder ni aumentar su eficiencia como tal si dicha persona no está interesada en el asunto. Sólo se puede ayudar a quienes desean llegar a ser líderes más eficientes. En este capítulo deseo ofrecer algunas sugerencias a quienes desean mejorar su liderazgo.

Comencemos diciendo que los buenos líderes (los eficientes) inspiran a los individuos a dar lo mejor de sí. La mayoría de las personas lo saben. También las investigaciones indican que, *a pesar de sus muchas diferencias de personalidad,* los mejores líderes ponen en práctica ciertos principios que les ayudan a funcionar más eficientemente.

He aquí algunas sugerencias, seguidas de preguntas que los líderes eficientes se hacen a sí mismos:

*1. Muestran interés por los subordinados.* Los líderes eficientes se preguntan:

- ¿Están los subordinados haciendo el trabajo más adecuado a sus habilidades?
- ¿Tienen algún tipo de problemas?
- ¿Qué podría interesarles?

2. *Se comunican con claridad.*

* ¿Son fáciles de entender las instrucciones?
* ¿Evito retrasos innecesarios, explicando todo con anterioridad?
* ¿Saben los demás por qué hacen las cosas de un modo determinado?

3. *Mantienen la moral elevada*

* ¿Estimulo sus ánimo?
* ¿Tienen la sensación de que participan, de que son necesarios?
* ¿Tienen un panorama general de nuestras actividades?
* ¿Actúo con rapidez para poner fin a los rumores falsos o potencialmente peligrosos?

4. *Despiertan entusiasmo*

* ¿Consigo que los empleados quieran dar lo mejor de sí mismos?
* ¿Procuro comunicarles el sentimiento de orgullo por su trabajo?

5. *Rara vez dan órdenes*

* ¿Evito dar órdenes? (como «¡Haga esto!» «¡Deje aquello!» «¡Hágalo de este modo!»).

UNA SUGERENCIA ESPECIAL

Las órdenes drásticas provocan resentimiento.
Haz uso de ellas sólo en caso de evidente mala voluntad, de insubordinación, o en situaciones de emergencia.

6. *Piden - no mandan*

* ¿Digo frases como «Vamos a hacer esto», o «Me gustaría que lo hicieras así»?
* ¿Pido sugerencias cuando pienso que éstas podrían ser de utilidad?
* ¿Pregunto su parecer sobre lo que podría hacerse o sobre el modo en que ellos resolverían el problema?

*7. Muestran respeto a sus colegas*

* ¿Reconozco que mis colegas y mis subordinados también tienen derecho a mi respeto?
* ¿Muestro la misma consideración que me gustaría recibir?
* ¿Finjo estar interesado? (Recuerda: ¡las personas perciben muy fácilmente la falsedad!).

*8. Demuestran que tienen fe en sus subordinados*

* ¿Organizo, delego poderes y me retiro de la escena?
* ¿Soy discreto e invado lo menos posible?
* ¿Exagero mi supervisión, verificando constantemente todos los detalles?

*9. Estimulan a los trabajadores a dar sus puntos de vista*

* ¿Acepto sugerencias y estimulo a los subordinados a pensar de manera creativa?
* Cuando un individuo comete un error en el trabajo, ¿le llamo la atención para que sea él mismo quien descubra el problema?

*10. Atienden las reclamaciones de una manera justa*

* ¿Estoy suficientemente cerca de mis subordinados para poder percibir los problemas antes de que lleguen a hacerse realidad?
* Si alguien está confuso y preocupado, ¿le permito explicar qué es lo que cree él que está ocurriendo?
* Cuando hay reclamaciones, ¿las evito o trato de resolver la cuestión lo más rápidamente posible?
* ¿Tengo cuidado de estar a solas con un individuo cuando necesito llamarle la atención?

OTRA SUGERENCIA ESPECIAL

Elogia en público. Reprocha en privado.

*11. Actúan con justicia*

* ¿Tengo preferencias personales al distribuir las tareas?
* En cuestiones de disciplina, ¿soy decidido, objetivo e imparcial?

*12. Manifiestan su aprobación*

* ¿Demuestro aprecio y aprobación a quienes lo merecen?

UNA TERCERA SUGERENCIA

Haz uso de los elogios con sabiduría.
Si escasean, se echan en falta.
Si abundan en exceso, pierden parte de su valor.

Todo el mundo necesita sentirse personalmente valorado y ver que sus conocimientos son apreciados. La capacidad de reaccionar ante esta necesidad y de provocar el mejor comportamiento en las personas y en cada grupo es lo que caracteriza a un buen líder.

## Características de los líderes con éxito

La naturaleza y el estilo del liderazgo administrativo influyen bastante en relación a la satisfacción y la motivación en el trabajo. Los líderes eficientes muestran consideración hacia sus subordinados y hacen posible que éstos tengan la sensación de participar en las decisiones que les afectan. La consideración y el interés por los demás no representan una actitud irresponsable ni una cesión al elogio rápido y fácil. Tampoco significa que el líder esté deseando oír cuanto antes la reclamación para poder volver inmediatamente al trabajo.

Los gestores que tienen consideración muestran las siguientes características:

1. Sensibilidad ante los problemas que las personas afrontan en el trabajo.
2. Disponibilidad y apertura para con las personas que necesitan ayuda.
3. Comprensión de las condiciones adversas en el ámbito laboral.
4. Capacidad de establecer una relación mejor que la de simple patrón-empleado.

Varía bastante el estilo de gestión entre los grupos altamente productivos y los no productivos. En contra de lo que se podría imaginar, los líderes de organizaciones altamente productivas no parecen dedicar la mayor parte de su tiempo y sus esfuerzos a las funciones orientadas al trabajo de sus subordinados. En lugar de ello, los líderes que tienen un mejor historial de rendimiento centran su principal atención en el aspecto humano de la relación con los subordinados, creando grupos de trabajo eficientes y con elevadas metas de rendimiento.

En su «bestseller» *In Search of Excellence*[1], Thomas J. Peters y Robert H. Waterman Jr. refuerzan este descubrimiento.

Lo cual no quiere decir que los gestores y líderes altamente productivos no dediquen bastante tiempo a funciones técnicas y orientadas a la tarea. Sin embargo, durante el tiempo que pasan con sus subordinados, se centran en los aspectos humanos de la construcción de un equipo eficiente de trabajo.

Los líderes altamente productivos tienden a pasar más tiempo que los gestores menos productivos

- motivando a sus subordinados
- proporcionando estructuración
- manteniendo bien informados a los subordinados
- recogiendo ideas y sugerencias sobre las cuestiones importantes, antes de seguir adelante
- adiestrando a los subordinados para que asuman mayores responsabilidades
- experimentando con ellos nuevas ideas
- mostrando conmsideración con respecto a sus necesidades.

En contraste, los gestores ineficientes o de baja productividad, frecuentemente

- exigen a sus empleados más de lo que pueden dar
- los critican en presencia de otros

---

1. Th. J. Peters y R. H. Watermann Jr., *In Search of Excellence*, Harper & Row, New York 1982.

* no prestan atención alguna a los sentimientos de los empleados
* les reprenden con dureza cuando cometen errores
* pasan a la acción sin hacer consulta alguna a los subordinados
* rehúsan aceptar sus ideas y sugerencias
* no explican las acciones que han adoptado.

## El gestor de los gestores

En un estudio, los investigadores pidieron a gestores dotados de alta y baja motivación que describieran el estilo de gestión de sus jefes inmediatos. Y caracterizaron así su comportamiento:

*Cómo vieron los gestores a sus jefes*

| *Alta motivación* | *Baja motivación* |
|---|---|
| Bueno para conversar, incluso cuando se encuentra presionado. | Para hablar con él hay que escoger el momento con mucho cuidado. |
| Procura ver el valor de cada una de las ideas que entran en conflicto. | Considera sus propias ideas como las mejores. |
| Trata de conseguir que las personas comprendan los objetivos de la empresa. | Espera que los demás entiendan por sí mismos los objetivos de la empresa. |
| Transmite toda la información que se desea tener. | Proporciona tan sólo la información que él considera indispensable. |
| Estimula a los subordinados a expandirse en otras direcciones. | Le parece demasiado arriesgado expandirse en otras direcciones. |
| Trata de corregir los errores. | Cuando algo sale mal, trata de encontrar un culpable. |
| Espera un rendimiento superior y da crédito a los subordinados cuando lo consiguen. | Espera el trabajo adecuado, y no habla mucho, excepto cuando algo no sale bien. |
| Acepta los errores, con tal de que los subordinados aprendan de ellos. | No concede demasiado margen al error, sobre todo si éste puede ponerle en una situación delicada. |
| Es coherente, espera bastante de sus subordinados. | Sus expectativas pueden cambiar de un día para otro. |

M. Scott Myers observa las siguientes características en los buenos gestores:

> «...su capacidad de estimular el entusiasmo, el nivel y la consistencia de sus expectativas, su reconocimiento del trabajo bien hecho, su deseo de oír nuevas ideas, sus prácticas relativas a la difusión de informaciones sobre la empresa, su actitud en relación a la asunción de riesgos y a la comisión de errores, su manera de tratar los errores cometidos, y su sensibilidad en relación a los sentimientos de los demás»[2].

Myers observa además que en el comportamiento del día a día los líderes que tienen éxito suministran a sus subordinados la información necesaria sobre el trabajo, mantienen expectativas de alto rendimiento, estimulan que se establezcan objetivos elevados y se practique la independencia de juicio, reconocen y recompensan a los trabajadores conforme a sus realizaciones, y promueven una atmósfera de aprobación en la que el fracaso se transforma en fuente de aprendizaje y crecimiento y no en críticas y castigos.

## EJERCICIO: Motivación y satisfacción en el trabajo

Al tratar sobre la motivación y la satisfacción en el trabajo, los líderes deben considerar dos hechos importantes:

1. Las implicaciones prácticas de las teorías de la motivación, en lo que se refiere a la influencia que tienen sobre ti mismo y sobre las personas de tu organización.
2. Lo que puedes hacer para insertar elementos motivadores en el trabajo que hacen las personas de tu organización.

Los líderes eficientes reconocen que la implicación práctica de la motivación es mucho más profunda que la del salario.

---

2. M. Scott Myers, «One More Time: How Do You Motivate Employees?»: *Harvard Business Review* (enero-febrero 1968) 53.

Aunque éste tenga importancia, no es más que un factor. La suposición generalizada de que los trabajadores sólo quieren más dinero ha sido cada vez más abiertamente contradicha, tanto por las investigaciones como por las propias exigencias de los trabajadores. El significado del trabajo está cambiando. Bien informados a través de los medios de comunicación de todo el mundo, los trabajadores están mucho mejor instruidos, tienen muchas más habilidades y sienten cada vez más la necesidad de auto-estima y auto-realización.

Algunas personas dicen que ciertos factores del ámbito del trabajo causan insatisfacción, pero tienen escasa relación con el trabajo en sí. Citan como ejemplo los reglamentos, las condiciones de trabajo, la remuneración, los intervalos de descanso, los beneficios extra, las posiciones de jerarquía y la calidad de la supervisión. Es interesante saber que son principalmente las mismas organizaciones las que están concretando los factores ambientales. Y más interesante aún es que muchas organizaciones están procurando dirigir mayores esfuerzos a construir zonas de descanso, proporcionar ventajas sociales y facilidades para la práctica de los deportes, además de buenas condiciones físicas de trabajo.

Con todo, lo que motiva a las personas a dar lo mejor de sí mismas brota del mismo trabajo. Las personas se sienten motivadas si el trabajo:

* Compensa
* Proporciona sensación de realización
* Es interesante
* Proporciona responsabilidad
* Da oportunidades para el crecimiento
* Ofrece la posibilidad de lograr reconocimiento y progreso.

Las organizaciones insertan elementos de motivación en el trabajo, y a eso lo llaman «enriquecimiento del trabajo». Los gestores tienen muchas más posibilidades de enriquecer el trabajo de lo que piensan.

Aunque sea difícil proporcionar siempre las oportunidades y el clima adecuados, los líderes eficientes son conscientes de las ventajas que implican. Las personas son diferentes y tienen diferentes necesidades, deseos, expectativas y ambiciones. Además, esas necesidades, ambiciones y expectativas cambian cuando

* Las personas se van haciendo mayores
* Afrontan nuevas experiencias
* Sufren cambios en su situación vital
* Atraviesan cambios en su ambiente.

## EJERCICIO

El ejercicio que se indica a continuación puede ayudarte a comprender un poco mejor tu propia motivación y la de los demás.

### I. Motivación y satisfacción en el trabajo

Vas a ver a continuación una lista de 24 diferentes necesidades y condiciones laborales importantes para las personas en el trabajo. Lee toda la lista y luego da una nota a cada item. (Si te vienen a la mente factores que a ti te motivan y no están en la lista, añádelos).

Para poner la nota a cada item: Si ya obtienes una cantidad satisfactoria de seguridad en el empleo (item 2), debes asignar una nota baja a ese item. Por el contrario, puedes estar insatisfecho con la cantidad de apertura para la creatividad (item 12): asígnale entonces una nota alta, porque deseas mayor facilidad para expresar tu creatividad. Hazlo así, independientemente de la importancia que un item tenga para ti, hablando en términos generales.

1. Buen salario
2. Seguridad en el empleo
3. Abundantes ventajas extra (como hospitalización, jubilación...)
4. Buenas condiciones físicas de trabajo
5. Llevarse bien con los demás
6. Complementarse bien con los colegas
7. Políticas justas
8. Aprecio de tus aportaciones

9. Saber lo que ocurre en la organización
10. Oportunidad de un trabajo compensador
11. Oportunidad de un trabajo de calidad
12. Oportunidad para expresar la creatividad y la originalidad
13. Ser respetado como persona
14. Sentir que el trabajo merece la pena
15. Oportunidad de promoción
16. Percibir reacciones a mi trabajo (para saber cómo estoy haciéndolo)
17. Dar/recibir ayuda en relación a los problemas del trabajo
18. Posición de responsabilidad
19. Participación en la planificación (que me afecte)
20. Ser tratado como una persona que tiene sentimientos y necesidades
21. Libertad en el trabajo
22. Estar de acuerdo con los objetivos de la organización
23. Oportunidad de autocrecimiento
24. Participar en las reuniones del equipo
25. ______________________________
26. ______________________________
27. ______________________________

a) ¿Qué es lo importante para ti en el trabajo? Escoge diez items según el orden de importancia que tú les das, prescindiendo de que tu trabajo actual te proporcione o no suficiente satisfacción. El primer item que escojas será el más importante para ti.

*Para mí, los aspectos más importantes son:*

| | |
|---|---|
| 1. ______________ | 6. ______________ |
| 2. ______________ | 7. ______________ |
| 3. ______________ | 8. ______________ |
| 4. ______________ | 9. ______________ |
| 5. ______________ | 10. ______________ |

b) ¿Qué es lo que más deseas en tu trabajo actual? Escoge ahora diez items relativos a las diez necesidades y condiciones de trabajo que más deseas en su trabajo actual. El que pongas en primer lugar será el más importante.

*Deseo tener más:*

| | |
|---|---|
| 1. ______________ | 6. ______________ |
| 2. ______________ | 7. ______________ |
| 3. ______________ | 8. ______________ |
| 4. ______________ | 9. ______________ |
| 5. ______________ | 10. ______________ |

## II. Discusión sobre la motivación y la satisfacción en el trabajo

*Primer paso.* Cuando cada miembro del grupo haya terminado de responder a la pregunta «¿Qué es lo más importante para ti en el trabajo?», todos deben explicar sus razones y poner algún ejemplo.

*Segundo paso.* Se hace lo mismo con la segunda pregunta: «¿Qué es lo que más deseas...?» Todo el grupo debe participar.

Lee las directrices para la discusión que presentamos a continuación. Luego, funcionando como grupo, todos deben procurar llegar a un consenso sobre los diez factores más deseados, por orden de prioridad.

---

*Directrices para la discusión*

El objetivo es llegar a la decisión más eficiente posible para el grupo como un todo. Lo ideal es llegar al consenso. Si no hubiera acuerdo total, al menos debe llegar a producirse una lista con la que todos los miembros puedan estar de acuerdo.

Ten en cuenta esta lista de las cosas a HACER y a NO HACER, que ponemos a continuación:

---

HACER

* Explorar total y abiertamente todas las cuestiones e ideas, sin rechazar ninguna de ellas.
* Obtener informaciones de los demás miembros; estimular la participación total.
* Escuchar a los demás. Comprender y procurar integrar las razones y sugerencias de los demás.

* Explorar las diferencias. Si a uno le convencen, modificar las propias posiciones.
* Mantener los ojos abiertos para ver cómo está funcionando el grupo y cómo todos observan estas directrices.

NO HACER

* No hacer votaciones, no forzar decisiones, no intentar «nivelar» las respuestas distintas.
* No hacer concesiones sólo por alcanzar el acuerdo más fácilmente.
* No discutir sólo por discutir.

*Tercer paso.* Cuando el grupo haya llegado al consenso, se responde individualmente al siguiente cuestionario:

*Cuestionario post-decisión*

En una escala del 1 al 5 (en la que 1 = muy insatisfecho, y 5 = muy satisfecho), cada cual pone la nota que mejor exprese sus reacciones a las siguientes afirmaciones:

1. ¿Estás satisfecho de cómo ha hecho el grupo su tarea? ______
2. ¿Hasta qué punto hubo acuerdo en el grupo al comienzo de cada tarea? ______
3. ¿Qué influencia crees que has tenido en las decisiones del grupo? ______
4. ¿Con qué frecuencia piensas que te han escuchado los demás? ______
5. ¿Qué grado de cooperación ha habido en el grupo? ______
6. ¿Hasta qué punto te sientes comprometido con las decisiones del grupo? ______
7. Escoge una palabra que describa al grupo durante este ejercicio. ______

*Cuarto paso.* Cuando todos hayan terminado el cuestionario post-decisión, deben discutir las notas dadas y sus implicaciones. Pueden considerar:

* Las semejanzas y las diferencias de cada reacción.
* Los procesos del grupo, incluyendo los estilos de toma de decisiones y el modo en que se han tratado los conflictos.
* Los factores que llevaron tanto al alto como al bajo compromiso, y el efecto de los diferentes niveles de compromiso individual.

*Quinto paso.* Lo que los especialistas dicen acerca de la motivación no es tan importante como aquello a lo que tú das crédito. Ahora que tu grupo ha llegado a un consenso, ¿qué medidas pretendes tomar tú (y tu organización) para mejorar la motivación y la satisfacción en el trabajo?

## III. Motivación futura

1. ¿Qué factores crees que ejercerán mayor influencia sobre la motivación, en tu organización, en los próximos seis años?

___
___
___

Fuerzas que más afectan a los diferentes grupos de trabajadores

| *Grupos de trabajadores* | *Fuerzas* |
| --- | --- |
| ___ | ___ |
| ___ | ___ |
| ___ | ___ |

2. ¿Cómo se reflejarán esos cambios de motivación en los distintos grupos de trabajadores?

| *Grupos de trabajadores* | *Fuerzas* |
| --- | --- |
| ___ | ___ |
| ___ | ___ |
| ___ | ___ |

3. ¿Qué pasos podría/debería ir dando desde ahora tu organización para afrontar esos cambios, demandas y problemas previstos?

_______________________________________________

_______________________________________________

_______________________________________________

4. ¿Qué pasos podrías/deberías ir dando tú desde ahora para afrontar esos cambios, demandas y problemas previstos?

_______________________________________________

_______________________________________________

_______________________________________________

* * *

Motivación; liderazgo eficiente; satisfacción en el trabajo... es un área bastante compleja. A estas alturas, debes de estar imaginando que necesitas aprender de memoria seiscientas cosas, pensar en doscientas más y prepararte para una enorme cantidad de cosas que hacer y que no hacer.

Calma. No se trata meramente de aprender de memoria para poder repetir las informaciones que has encontrado aquí. El liderazgo eficiente comienza cuando vas leyendo estos materiales, los vas reflexionando (incluso discutiendo algunas de mis conclusiones) y, finalmente, te dices cosas como: «Esto es coherente», «Yo puedo hacer esto», «Voy entendiendo»... Al ir haciéndolo, estás caminando hacia el liderazgo eficiente.

# 11
# Asesoría sobre el rendimiento

¿Cuándo hacen las personas un trabajo eficiente? ¿Cómo pueden los supervisores distinguir a los que trabajan bien de los que apenas se limitan a cumplir con su horario de trabajo? ¿Qué pueden hacer los gestores para ayudar a los subordinados a realizar un trabajo de mejor calidad?

La capacidad de asesorar y evaluar el rendimiento del trabajo de los subordinados es una de las técnicas más importantes que los líderes pueden poseer. Sea cual sea el nombre que los especialistas den a este proceso —asesoría, enseñanza, ayuda, evaluación, desarrollo o solución de un problema—, se trata ciertamente de una parte esencial de la responsabilidad del liderazgo.

El líder tiene mucha responsabilidad en el rendimiento de sus subordinados. Ese rendimiento comienza cuando el líder logra comprender cuál es el potencial de cada trabajador en particular, para ayudar a cada uno a ser más productivo y en niveles cada vez más altos de responsabilidad. Lo que yo llamo «asesoría para el rendimiento» es un modo de llegar a eso. Con ella se mejora y desarrolla el modo de proceder de los empleados o, cuando menos, se mantiene el nivel de rendimiento que ya tienen. Se consigue mejor cuando los propios trabajadores evalúan su propia actuación y los líderes les facilitan hacer ese análisis.

## Requisitos para un rendimiento aceptable

Para ayudar a los individuos a desempeñar sus responsabilidades de un modo aceptable, los trabajadores necesitan:

* Conocer los objetivos de rendimiento que deben alcanzar.

* Saber cuál es su nivel actual de rendimiento.
* Saber que su nivel actual de rendimiento es comparable a los objetivos de rendimiento que se desean obtener.
* Conocer los modos de mejorar.

Puede ser útil para los empleados comparar su propio trabajo con los requisitos para un rendimiento satisfactorio en el mismo. Pero ello exige desarrollar previamente los objetivos del rendimiento, definiendo claramente lo que corresponde a cada segmento de las tareas asignadas. Los objetivos de rendimiento ideal describen:

* Las acciones de comportamiento exigidas.
* Las condiciones en que se va a desarrollar la tarea.
* Las pautas que establecen la mejor manera de ejecutar las acciones.

Cuando las organizaciones hacen públicos esos objetivos, a las personas les resulta más fácil describir su propio rendimiento en términos semejantes y ver si, de hecho, están alcanzando las metas. Si la organización no tiene aún desarrollados los objetivos de rendimiento, los líderes y los empleados deben tratar de establecer sus metas. He aquí las principales preguntas a las que deben responder:

* «¿Qué acciones son necesarias para que la tarea obtenga un rendimiento satisfactorio?»
* «¿Cuál es el rendimiento de los trabajadores en comparación con los niveles normales de rendimiento?»
* «¿Cómo pueden mejorar?»

En la sesión de asesoramiento, los empleados deben:

* Evaluar su propio rendimiento comparándolo con los objetivos y las pautas (no comparándose con otros trabajadores).
* Hacer una lista de items de rendimiento satisfactorio.
* Hacer una lista de los items en los que necesitan mejorar.

A partir de esas dos listas y del conocimiento de la situación, y con la ayuda del líder, los empleados deben poder desarrollar modos concretos de mejorar las áreas más débiles de su actuación. Los líderes pueden ayudarles haciendo que se pregunten a sí mismos: «¿Qué puedo hacer yo concretamente para mejorar?»

## Trampas

Cuando los líderes entrevistan a los trabajadores para aconsejarles acerca de su rendimiento, deben tener en cuenta lo siguiente:

1. Limitar el tema de las entrevistas a los datos objetivos y cuantificables y no intentar analizar el carácter de las personas ni intentar detectar actitudes sospechosas u otras circunstancias personales.

   Es casi imposible para la mayor parte de las personas evaluar con precisión el carácter de los demás. Por lo general, el someter a discusión las características personales no produce más que hostilidad defensiva, y rara vez resulta útil. A la hora de asesorar sobre el rendimiento, no se puede apelar a creencias infundadas ni a análisis facilones del carácter de los demás para explicar las razones del fracaso.
2. Observar y evaluar únicamente las acciones presentes.
3. No aplicar estereotipos.

*Aplicar estereotipos* es hacer juicios sobre las personas basándose en supuestas características físicas o grupales, como:

* todas las personas muy altas son lentas;
* todas las personas gordas son alegres y felices.

Los líderes más experimentados hacen sus juicios sobre los subordinados basándose en las actuaciones que ven, no en supuestas características físicas, sociales, grupales, u otras, que pueden tener base en los hechos o no tenerla.

*Cómo diferenciar a un líder de una líder*

| *El hombre líder es* | *La mujer líder es* |
|---|---|
| dinámico | agresiva |
| firme | inflexible |
| detallista | exagerada en minucias |
| **propicio a perder la calma** | **mezquina, maliciosa** |
| realizador | insistente |
| ocasionalmente deprimido | malhumorada, porque está «mala» |
| **digno de confianza** | **incapaz de darse por vencida** |
| confiado | orgullosa, convencida |
| visionario | con delirios de grandeza |
| valiente en sus convicciones | medrosa |
| hombre de mundo | con «muchas tablas» |
| sin miedo a decir lo que piensa | chismosa, parlanchina |
| apenas humano | emotiva |
| autoritario | alucinada por el poder |
| discreto | llena de secretos |
| decidido | impulsiva |
| riguroso | difícil como jefe |
| experimentado | demasiado mayor |

Los estereotipos surgen cuando asociamos algunas características particulares con una clasificación especial de los individuos. En estos últimos años se ha estereotipado a muchas mujeres cuando han intentado alcanzar posiciones de liderazgo en el mundo de la gestión, dominado por los hombres. Por desgracia, todavía hay hombres que usan los estereotipos como argumento para intentar evitar que las mujeres obtengan puestos de liderazgo.

En la lista anterior, el hombre y la mujer que hemos presentado como ejemplo tienen las mismas capacidades/hábitos/acciones, pero las dos columnas muestran cómo esas mismas características pueden interpretarse a favor de los hombres y en contra de las mujeres.

## Cómo preparar

1. *Aviso previo.* Los líderes eficientes inician las reuniones informando a los subordinados con antelación. Así tienen tiempo para pensar cómo desempeñan su trabajo y para prepararse para el diálogo.

2. *Distribución del tiempo.* Los buenos gestores procuran dar tiempo suficiente, de forma que nadie se sienta presionado.

3. *Ambiente físico.* Un ambiente físico perturbador o no confortable ocasiona distracciones y reduce la participación activa de los empleados en la solución de los problemas. Los gestores experimentados no permiten interferencias durante las sesiones de asesoramiento. Mantienen la privacidad, tanto para evitar distracciones como para garantizar la sensación de confidencialidad.

4. *Atmósfera general.* Los líderes eficientes tratan de crear una atmósfera informal. No se amurallan tras la mesa del despacho y evitan hablar en tono autoritario, de forma que ambas personas hablan la una con la otra informalmente, sin apenas conciencia del puesto que ocupa cada una.

## Conducta general

1. *Énfasis principal.* Los líderes eficientes ponen el énfasis principal en que los trabajadores aprendan y se desarrollen. Asumen esa responsabilidad para garantizar un ambiente constructivo, de cooperación, de asesoramiento y de solu-ción de problemas. Reducen al mínimo toda apariencia de evaluación, juicio y control. Evitan en lo posible el que la reunión sea o pueda ser usada para finalidades disciplinarias o de evaluación.

2. *Mente abierta.* Los líderes eficientes procuran mantenerse abiertos a las opiniones y hechos que presentan los

subordinados. No es preciso que el líder esté de acuerdo, pero sí debe ser capaz de oír benévolamente y aceptar los sentimientos que se expresan con sinceridad.

> UNA SUGERENCIA ESPECIAL
>
> En ninguna circunstancia permitas que los subordinados te enreden en discusiones.

3. *Establecer una relación armónica.* Los líderes eficientes procuran establecer con sus subordinados una relación de armonía que cree en ellos una actitud de buena voluntad. Procuran recordarles la finalidad de esta reunión y de lo principal que en ella se pretende, que es el mejoramiento personal y del trabajo. Los líderes eficientes convierten así a los trabajadores en participantes comprometidos en el proceso de asesoramiento sobre su actuación y rendimiento, y no permiten que se limiten a escuchar pasivamente.

   Las investigaciones muestran que los trabajadores que son participativos tienden a ver más favorablemente el proceso de evaluación/asesoría. Y después de la entrevista, también dan muestras de tratar de mejorar su rendimiento.

4. *No querer dominar.* Los líderes eficientes no intentan controlar ni hacer interrogatorios. Oyen:

   * con atención y cortesía
   * para distinguir los puntos importantes y los detalles,
   * para separar los hechos de las opiniones,
   * para identificar la información,
   * para saber cuándo los trabajadores están presentando información y cuándo lo único que están haciendo es intentar influenciar al líder.

Los líderes eficientes saben que quienes más deben hablar son los trabajadores

* para que sus puntos de vista capten la atención del líder;

* para llegar a una mejor comprensión de su actuación y rendimiento;
* para hacer planes con vistas a su automejoramiento.

## Al iniciar las entrevistas

Los primeros minutos son la fase más crítica de cualquier sesión de asesoramiento. En ese tiempo se crea la atmósfera que dominará el resto de la reunión. Por consiguiente, los líderes eficientes tratan de establecer una buena relación con los trabajadores, para que ambas partes estén a gusto.

1. *Alivia la tensión.* Para que los trabajadores estén a gusto, el líder eficiente debe
   * mostrar que acepta los sentimientos de los subordinados;
   * lograr que éstos perciban que él considera importantes sus puntos de vista;
   * oír y debatir los puntos de vista de los subordinados.

2. *Los líderes explican.* Todo líder eficiente explica la finalidad de la entrevista. Deja bien claro que desea dialogar sobre el rendimiento del subordinado y ayudarle a mejorar. Pide a los subordinados que le hagan preguntas.

3. *Los subordinados hablan.* Los líderes eficientes hacen todo lo posible para que los subordinados hablen sobre cómo ven ellos las cosas.

## Discusión sobre el rendimiento

El líder eficiente desea que sus subordinados produzcan. Debe hacer todo lo posible para no acorralar al subordinado en un espacio del que no pueda salir sin quedar en situación desairada. El líder eficiente sabe que todo ataque contra la integridad de la persona del subordinado impide que el diálogo pueda continuar.

1. *Sé concreto.* Durante todo el diálogo, el líder trata de obtener ejemplos concretos. No acepta ciegamente las declaraciones de los subordinados sobre su actuación y rendimiento, a no ser que sea posible confirmar esas informaciones con ejemplos concretos.

2. *Hechos favorables.* Algunas personas piensan que primero deben destacar los puntos favorables del rendimiento en el trabajo, para crear una atmósfera positiva con los subordinados, de forma que éstos sean luego menos resistentes a los puntos en los que deben mejorar. Sin embargo, por lo general, eso crea una atmósfera de aprobación restringida, en la que los subordinados prestan poca atención a los comentarios favorables, porque perciben que los puntos negativos vendrán a continuación. Su preocupación por la discusión que vendrá acto seguido sobre las mejoras que deben realizar, neutraliza los esfuerzos de los líderes orientados a facilitar esas mejoras.

   Los líderes eficientes creen que es mucho más útil hablar de «puntos a mejorar», que de «deficiencias» o «errores».

3. *Rendimiento débil.* Cuando los trabajadores muestran un rendimiento débil y en la entrevista no logran verlo, normalmente el líder tiene que determinar si el trabajador entiende los requisitos de la tarea. En estos casos, los líderes más experimentados procuran comprobar que los subordinados comprenden perfectamente cuáles son las exigencias de su trabajo. No se limitan a dar órdenes a sus subordinados. Preguntan y explican todos los aspectos, hasta quedar satisfechos de que los empleados entienden y aceptan su responsabilidad para atender a las exigencias de la tarea.

## Informar a los subordinados sobre su rendimiento

Muchas veces los gestores dudan si criticar el rendimiento de los empleados, especialmente cuando llevan mucho tiempo en ese trabajo. En estos casos, es preciso que los gestores recuerden que su responsabilidad en la asesoría sobre el rendimiento es muy importante. También los empleados tienen derecho a saber cómo van, y deben tratar de sacar provecho de la asesoría para el rendimiento.

## Límites de la competencia

En el asesoramiento sobre el rendimiento es frecuente que los líderes topen con individuos que parecen estar pasando por serios problemas personales o por dificultades emocionales. Estos asuntos suelen estar fuera del alcance de quienes hacen la evaluación del rendimiento. Los líderes deben mantenerse atentos a las señales de posibles perturbaciones serias y encaminar a las personas adonde puedan recibir asistencia profesional.

## Reacciones de carácter emocional

Cuando el líder se encuentra con trabajadores cuyo comportamiento es altamente emocional, no trata de sofocar su emotividad. Por el contrario, procurará usar constructivamente esas emociones (energías) para corregir la situación que llevó a la explosión emocional. Cuando el líder no reconoce las emociones acaloradas y no resuelve la situación, esas emociones acaban por explotar en otro lugar.

Si el líder se encuentra ante situaciones altamente cargadas de emotividad, debe primero calmar al individuo para que pueda concentrarse en la solución de los problemas. Es provechoso hacer que la persona libere toda la tensión emocional que lleva dentro, aceptando tranquilamente sus ideas y emociones como válidas (aunque no sean realidades válidas desde el punto de vista de lo que realmente sucede).

Pero ¿por qué los trabajadores acuden al gestor en los momentos de elevada tensión emocional, cuando desean solucionar problemas relacionados con el trabajo? ¿No se dan cuenta de que esa actitud puede volverse contra ellos? Una explicación puede estar en su historia pasada, en las ocasiones en que esas personas intentaron solucionar problemas de trabajo que incluían a sus jefes.

Los trabajadores han aprendido que las críticas constructivas sobre los jefes no han dado resultado alguno. En la mayor parte de los casos, los subordinados han aprendido a evitar las críticas contra los superiores, por haber recibido a cambio algún tipo de castigo. Los mismos trabajadores también tenían culpa, probablemente por haber dejado acumular gran cantidad de episodios de comportamiento de aversión sin afrontar la situación. Así que, fuese cual fuese su nivel de tolerancia para evitar el castigo, finalmente llegaron a un punto en que se vieron obligados a exigir que se hiciera algo. Hicieron acopio de coraje, de razones y de los hechos de que disponían, y allá fueron. Pero, poseídos por un elevado grado de emoción (miedo), acabaron reaccionando contra el jefe.

A no ser que esos trabajadores tuvieran un jefe altamente controlado, debieron de encontrarse con un líder bastante a la defensiva y poseído, también él, por un alto nivel de emoción. Fue otra experiencia de aprendizaje para los trabajadores. Se volvieron todavía más ansiosos (miedosos) que antes con relación a la posibilidad de corregir al jefe. El comportamiento del líder no cambió. Y, en su frustración, los trabajadores se preguntan a sí mismos:

* ¿Debo buscar otro empleo?
* ¿Debo someterme y resignarme a la situación?
* ¿Debo contentarme con esperar hasta poder vengarme del patrón?

Por otra parte, como los empleados no hablan, el jefe piensa que ha resuelto el problema, que las cosas van perfectamente y que su comportamiento con los empleados es bueno. El líder puede incluso llegar a pensar: «A fin de cuentas, soy una persona que sabe escuchar lo que dicen mis subordinados».

¿No sería mejor si los gestores oyeran a los trabajadores cuando ellos pudiesen hablar teniendo controladas sus emociones, de un modo racional, dispuestos a participar en la solución de los problemas?

Veamos cómo funciona esto en una situación concreta. La esposa del gerente David ve algo que no le gusta. David deja caer las cenizas del cigarrillo sobre la mesa de la sala. Ella no dice nada, porque en el pasado su marido se puso enfadó mucho con ella por criticarle su comportamiento. Con todo, David podría corregir su comportamiento si supiese lo importante que eso es para ella. Pero la realidad es que su esposa, en lugar de hacerle una tranquila sugerencia orientada a la solución del problema, va acumulando varios casos (evidencias) del comportamiento egoísta que su marido tiene en casa y, cuando llega a su nivel de tolerancia, explota y ataca a su marido con todas sus fuerzas.

¿Cómo reaccionará David? A menos que sepa controlar sus propias emociones y usarlas para solucionar el problema, se pondrá a la defensiva para contraatacar en la primera oportunidad que tenga, probablemente utilizando evidencias de comportamientos de su mujer, cosas de ella que a él no le gustan. Y ya tenemos a los dos envueltos en una discusión cuyas consecuencias sólo serán negativas.

En circunstancias ideales, ella debería decir serenamente: «David, no me gusta que dejes caer la ceniza del cigarrillo sobre los muebles».

Actuando así, de una manera racional, ella destacará nada más la falta de que se trata en ese momento. En circunstancias ideales, David también escuchará con calma lo que su esposa le dice, y los dos llegarán a una solución aceptable para ambos.

## Expectativas mutuas

Si los gestores esperan demasiado o demasiado poco de sus subordinados, en comparación con lo que los mismos trabajadores consideran como necesario para el trabajo, acaban provocando en los subordinados la sensación de que están siendo tratados de una manera injusta. Por el contrario, si los líderes y los subordinados se dejan influir mutuamente, poniéndose metas que señalen *las más altas* expectativas *posibles*, entonces el rendimiento y los sentimientos de realización tienen mayores posibilidades de aumentar.

RECUERDA ESTA SUGERENCIA

Si, como líder, piensas y hablas de manera positiva sobre tus subordinados, terminarás por producir un efecto contagioso.

Cuando el líder ve a los subordinados de una manera negativa, ese comportamiento acaba transformándose en una profecía que se cumple a sí misma. Este líder sólo logra ver las actitudes que refuerzan su prejuicio negativo, ignorando todo lo positivo. Y acaba por darse a sí mismo la información equivocada de que ya sabía que las cosas saldrían así.

## Expectativas positivas

Los líderes eficientes desean ayudar a los trabajadores a resolver sus propios problemas, de manera que puedan crecer y desarrollarse profesionalmente. Están convencidos de que ayudando, en lugar de dedicarse únicamente a dar órdenes a los subordinados, pueden logran que éstos sean más productivos, innovadores y cooperativos. Pueden esperar el premio del rendimiento, porque han sabido crear un ambiente en el que los trabajadores satisfacen sus necesidades y alcanzan las metas.

De la misma manera, si los trabajadores dan un *feedback* que indica que la evaluación del asesoramiento de su gestor estaba equivocada o no valía gran cosa, el líder eficiente tiene que aceptar ese *feedback* e intentar desarrollar otras opciones capaces de ayudarlos. También puede suceder que algunos trabajadores no deseen «ayuda», sino que prefieran ayudarse a sí mismos. Los gestores experimentados procuran descubrir las necesidades de los subordinados, pero también permiten que los trabajadores conozcan las necesidades que ellos tienen. Logran que las expectativas mutuas sean claras, no algo que hay que adivinar.

## Desarrollo del trabajador

Los gestores deben hacerse a sí mismos varias preguntas antes de iniciar cualquier programa de desarrollo de los subordinados.

* ¿Quiero que mis empleados sean independientes, automotivados y autodisciplinados?
* ¿Deseo que las personas sean capaces de iniciativa en mi ausencia?
* ¿Quiero tener «ovejitas» que trabajen para mí?
* ¿Deseo que los empleados sean siempre dependientes de mí?

Los líderes modifican el comportamiento de los subordinados según la manera como los tratan. Si el líder confía en que los trabajadores pueden asumir una responsabilidad, ellos la asumirán. Una vez más: todo puede convertirse en profecía que se cumple y confirma a sí misma. Si el líder dice a uno: «Bien, usted es una persona preparada e inteligente. Vamos a hablar, y le ayudaré a encontrar una solución al problema», y hace con él un buen trabajo de facilitarle las cosas, el mismo subordinado pensará bien todas las cosas y acabará encontrando la solución. Los trabajadores se dan cuenta de que pueden afrontar sus propios problemas y solucionarlos. Y aprenden también a confiar en el líder y a reconocer la confianza que el jefe deposita en ellos como individuos inteligentes e independientes que pueden planear para el futuro.

Los líderes eficientes desean desarrollar trabajadores que piensen por sí mismos. Saben que necesitan no sólo confiar en los trabajadores, sino también mostrarles que confían; en consecuencia, crean un ambiente en el que los subordinados reciben apoyo para poder pensar por sí mismos.

Ello no hace las cosas fáciles para el líder. Pero cuando éste ve que

* es un verdadero líder, porque tiene habilidad para ello
* y que es capaz de estimular la iniciativa,

comprende que la recompensa final justifica los esfuerzos. El liderazgo eficiente puede no ser fácil, pero sí es muy compensador.

# 12
# Entrevista de asesoría sobre el rendimiento

¿Exceso de trabajo? ¿Horas extra para líderes que ya trabajan demasiado? ¿Para qué tanto?... Este tipo de preguntas pueden pasar por la mente de las personas cuando piensan en la entrevista de asesoría para el rendimiento.

Este capítulo entra en detalles sobre este recurso, porque lo considero importante. En toda mi experiencia con líderes que han usado esta herramienta, he visto que la consideran extremadamente útil tanto para sí mismos como para sus empleados.

La mayor parte de los líderes que usan la evaluación del rendimiento o las entrevistas de asesoramiento para provecho de los empleados, lo hacen para:

* permitir que los empleados sepan cómo están funcionando;
* reconocer el trabajo bien hecho;
* decir a algunos cómo pueden mejorar;
* advertir a otros que deben hacerlo;
* desarrollar a los trabajadores.

Sin embargo, la mayor parte de los líderes piensan que rara vez lograrán alcanzar esos cinco objetivos mediante un único método de evaluación o de asesoramiento.

Norman Maier[1] propone tres métodos diferentes de evaluación: «Diga y venda», «Diga y oiga», «Oiga y responda» (Solución de problemas o Asesoría sobre el rendimiento). Vamos a analizar brevemente cada uno de estos métodos:

---

1. N. MAIER, *The Appraisal Interview: Objectives, Methods and Skills*, University Associates, Inc., La Jolla (CA) 1976.

## Método «Diga y venda»

Ante todo, el líder debe comunicar al subordinado qué evaluación se hace de él. Los objetivos son estos tres:

* decir a los trabajadores cómo están funcionando;
* ganarse su aceptación de la evaluación;
* motivarlos para que sigan los planes del líder para mejorar.

Los gestores verán la utilidad que ha tenido el método si los trabajadores:

* desean corregir sus deficiencias
* aceptan la evaluación
* adquieren la necesaria habilidad para cambiar.

1. *Requisitos.* Los líderes deben ser capaces de convencer a los trabajadores de que cambien en la dirección deseada, además de ser capaces de motivarlos. Los vendedores necesitan conocer a sus clientes para poder realizar las ventas. Una habilidad semejante se requiere para vender la evaluación.

2. *Reacciones.* Es frecuente que a los trabajadores les parezca que los gestores abrigan expectativas injustas, que hacen críticas no justificadas y que tienen planes incorrectos o inaceptables para el mejoramiento de la empresa. En muchos casos los trabajadores no logran mejorar, simplemente porque se les enfrenta a iniciativas que están fuera de su capacidad de control.

Si los trabajadores dejan de reaccionar a las buenas intenciones de los gestores u oponen resistencia a sus consejos, los gestores pueden ponerse a la defensiva. La relación se torna delicada, y la hostilidad crece. Aunque no estén programados, hechos de este tipo suceden, independientemente de lo que hagan los gestores.

Lo normal es que los trabajadores perciban que aumentan las barreras defensivas del líder y se echen atrás. Pocas veces cuestionan directamente la evaluación. Los gestores, entonces, pueden interpretar ese silencio de los trabajadores como aprobación. Los trabajadores, a su vez, dejan de comunicar sus verdaderos sentimientos. Y una consecuencia es que los gestores se ven obligados a hablar más y acaban por dominar la conversación.

3. *Resultados*. Como el gestor asume el papel de juez y dador de la solución, también puede hacer que crezcan sus sentimientos defensivos al confrontarse con los trabajadores. Por otra parte, los trabajadores muchas veces tratan de ocultar sus debilidades. Si la crítica es demasiado severa, o los elogios muy escasos, necesitan protestar para poder protegerse. Lo cual complica aún más las cosas, porque muchos líderes, cuando se ven cuestionados por sus evaluaciones, recurren a operaciones destinadas a salvar su propia imagen. A no ser que el líder tenga una paciencia extraordinaria, la relación acaba saliendo muy perjudicada. Pero si el líder controla la situación, los trabajadores invariablemente aprenden a retroceder y a perder. Es muy común que muchos trabajadores se vayan haciendo muy insensibles e ignoren cualquier crítica que se les haga.

Las situaciones de venta presentan dos posibilidades: o los trabajadores aceptan el «producto» o no lo aceptan. (Con frecuencia los trabajadores aceptan la evaluación o hacen creer a los líderes que la aceptan, sólo para escapar de la situación).

El método «Diga y venda» funciona mejor con empleados nuevos, porque es frecuente que busquen consejo y necesiten posturas afirmativas. También aceptan bien este método de asesoría para el rendimiento las personas dóciles, no críticas y sin mucha imaginación, así como las amoldadas a asentir a la autoridad.

A pesar de sus problemas, este método tiene también sus ventajas. Los gestores pueden presentar una evaluación en muy poco tiempo. Pero sus efectos perniciosos pueden ser más numerosos que sus ventajas. Una evaluación injusta puede hacer que los trabajadores se sientan rechazados e irritados. Los gestores pueden perder la lealtad de sus seguidores, porque dejan de tener intereses mutuos aparentes.

Cuando los trabajadores resultan perdedores, aumenta la tensión en las relaciones del día a día y disminuye la satisfacción en el trabajo. Las dos partes encaran las sesiones de evaluación como desagradables y tienden a evitarlas siempre que pueden. Con todo, el mayor riesgo aparece cuando los trabajadores aceptan silenciosamente la evaluación, tratan de agradar a sus líderes y no les dan el beneficio de sus opiniones e ideas innovadoras. Han aprendido a ser «ovejitas». A la vez, es probable que los gestores traten de estimularlos a ser independientes y activos. Los trabajadores más débiles tratan de descubrir lo que el líder desea, y lo hacen. La comunicación hacia arriba es inexistente.

## Método «Diga y oiga»

Algunas personas encaran este método con escepticismo, porque el papel del líder tiende a ser ambiguo en lo tocante a la autoridad. Funciona así:

1. El gestor aborda los puntos fuertes y débiles del rendimiento del trabajador, lo mismo que en el método anterior.
2. Explora las reacciones del trabajador ante su evaluación. Aunque el líder desempeñe también el papel de juez, no refuta ninguno de los pronunciamientos hechos por el trabajador.
3. Los gerentes animan diferentes comentarios para liberar los sentimientos de frustración de los trabajadores, provocados por la evaluación.

Comparado con el método «Diga y venda», éste proporciona un mejor manejo del desacuerdo y de la resistencia. Los gestores no dominan la discusión, sino que estimulan a los trabajadores a que se abran.

1. *Requisitos de habilidades*. Entre las habilidades necesarias tenemos:

a. Oír con atención, aceptar y tratar de comprender las actitudes y sentimientos del trabajador.
b. Usar el silencio de una manera eficiente. Esperar a que el trabajador hable.

c. Reflejar los sentimientos. Reaccionar ante los sentimientos mostrando comprensión.
d. Resumir los sentimientos. Indicar el progreso y demostrar comprensión.

El líder no tiene que estar de acuerdo ni en desacuerdo, sino que debe procurar comprender. Debe considerar la posibilidad de que su evaluación sea injusta.

2. *Reacciones*. Por lo general, este método no lleva a ninguna de las dos partes a adoptar actitudes defensivas. Los líderes evitan las confrontaciones que provocan dichas actitudes. No esperan que los trabajadores estén de acuerdo con sus evaluaciones, de manera que tienen la ventaja de ser capaces de comprender y respetar los sentimientos.

3. *Resultados*. Generalmente, el resultado es una buena relación entre el líder y los trabajadores. Los empleados piensan que las reuniones valen la pena y acrecientan su consideración sobre sí mismos. Los líderes aprenden a respetar las necesidades y las aspiraciones de los trabajadores y las aceptan.

UN RIESGO: Puede que no ofrezca muchas posibilidades de descubrir nuevos medios para mejorar el rendimiento en el trabajo. Aún así, puede producir cambios si los trabajadores llegan a influir en los puntos de vista del líder acerca de los métodos de gestión, las atribuciones y/o las expectativas relativas al trabajo. El gestor que oye y aprende, estimula las comunicaciones hacia arriba.

### Método «Oiga y responda» (Asesoría sobre el rendimiento)

Los líderes evitan la posición de jueces y se convierten en facilitadores (o auxiliares). En los otros dos métodos, aunque los líderes estén pensando en ayudar, los mismos métodos les obligan a ser jueces. Nadie consigue evaluar sin juzgar. Si los gestores tienen como objetivo principal desarrollar a los trabajadores, se corta la evaluación. El líder no sugiere soluciones, sino que funciona como guía, no como consejero. Eso significa que no necesita conocer las soluciones.

Dar o intentar dar soluciones es una respuesta a corto plazo. Proporcionar los medios para encontrar las soluciones ayuda a respuestas a largo plazo. Como lo expresa el dicho: «Da un pez a una persona, y tendrá qué comer un día. Enséñele a pescar, y sabrá alimentarse siempre». En este método, los líderes ayudan, facilitan; no resuelven.

En este método de asesoría sobre el rendimiento, los líderes no indican directamente las áreas en las que es preciso progresar, porque eso sería una forma de evaluación. Limitan su influjo a estimular la capacidad de pensar de los trabajadores. Aceptan considerar todas las ideas que puedan ayudar a los trabajadores a mejorar su rendimiento en el trabajo. También los aceptan como individuos maduros y responsables. Los líderes tratan de olvidar sus propios puntos de vista y de ver el trabajo a través de los ojos de los trabajadores. Si sus ideas parecen impracticables, el líder eficiente explora cuáles son sus puntos de vista, para saber más concretamente lo que pretenden. Por lo general, las ideas más difíciles de aceptar son las más incomprendidas. Demasiado preocupados por los errores que observan, a muchos gestores les resulta difícil dejar de imponer soluciones y dar negativas.

Cuando descubre que la manera de pensar de los trabajadores debe mejorar, el líder tiene que estar dispuesto a suponer que estas sesiones de asesoría sobre el rendimiento no ayudarán mucho a un mejoramiento inmediato.

Este tipo de asesoría proporciona un método garantizado para resolver problemas y conflictos, mediante la búsqueda de soluciones aceptables tanto para los gestores como para los trabajadores.

Se elimina así la necesidad de que los gestores usen el poder de su cargo. Esta atmósfera de asesoría representa un modo de evitar los malentendidos y los conflictos entre los líderes y los trabajadores, así como un medio para desarrollar la autodisciplina y el autocontrol de los trabajadores.

En el aprendizaje del asesoramiento, a los gestores les basta con asimilar el método general. Con él pueden resolver los conflictos o mejorar el rendimiento de los trabajadores. Es algo muy distinto del intento de aprender una larga lista de soluciones para todos los problemas conocidos. Ciertamente, los líderes eficientes saben que no existe una solución previa que se pueda considerar «la mejor de todas». Saben que cada trabajador es único y que cada situación es única. Por consiguiente, las soluciones únicas, las encontradas por los líderes y sus trabajadores, se convierten en las «mejores» soluciones, especialmente si se considera que están abordando problemas reales, no algo que les sucede a otros en otro lugar.

1. *Requisitos de habilidades*. Las habilidades necesarias son semejantes a las del método «Diga y oiga», porque lo más necesario es oír activamente y reflejar los sentimientos. El líder tiene que estar preparado para ir más allá del mero interesarse por los puntos de vista, necesidades y sentimientos de los trabajadores. Debe ser capaz de poner esos factores en acción para la mejora del rendimiento en el trabajo. Necesita descubrir las diferencias entre sus propias percepciones y las de los subordinados con respecto a lo que deben hacer en el trabajo. Y este descubrimiento debe comenzar a reducir los malentendidos.

Reafirmando las ideas de los subordinados, los líderes testimonian su propia comprensión y demuestran su aceptación. Para ello utilizan preguntas estimulantes que transmiten una sensación de interés en la exploración de las ideas de los subordinados. Pedir aclaraciones, ejemplos o mayores detalles, generalmente no pone al trabajador a la defensiva, como sucede con la evaluación. Por el contrario, el líder está mostrando su voluntad de comprender. Las preguntas exploratorias y no amenazadoras ayudan al trabajador a manifestar sus ideas y a pensar con mayor claridad, de un modo más abierto y con mayor exactitud.

La habilidad de resumirlo todo permite mejorar la comunicación y la integración de las ideas. El resumen demuestra comprensión, porque permite verificar y afinar las ideas presentadas.

Finalmente, la tolerancia del silencio y el uso efectivo de las pausas ayudan a comunicar ideas. Las pausas dan tiempo para pensar. Las interrupciones no sólo perturban la línea del pensamiento, sino que se pueden interpretar como rechazo.

2. *Reacciones.* Si el trabajador puede analizar libremente su trabajo, para desempeñar un papel en los cambios orientados al mejoramiento, quedará motivado para pensar en términos productivos, y no de un modo contraproducente. Ese pensamiento positivo produce actitudes responsables y profesionales. El trabajador acepta de inmediato los cambios, porque él mismo ha trabajado para dar con la solución. Considerando los modos de maximizar las mejores características y minimizar las peores, el trabajador sugiere voluntariamente los cambios a introducir en su propio comportamiento.

3. *Resultados.* El aumento de satisfacción en el trabajo produce buenos resultados porque:

* El propio trabajo es reconocido, aumentado, subdividido o reprogramado.
* El gestor y el empleado sintonizan, apoyándose mutuamente, con lo que el rendimiento en el trabajo hace percibir.
* Los trabajadores tienen mayor apoyo para lo que necesitan.
* Queda garantizada la comunicación en los dos sentidos.
* Se establece un ambiente de asesoramiento, en el que los trabajadores pueden resolver con efectividad los problemas, los malentendidos y/o los conflictos futuros.

Este enfoque maximiza el aprendizaje mutuo y las comunicaciones. Son muchas las personas que ven el adiestramiento y desarrollo de los demás como si la ventaja fuese sólo para una de las partes: los gestores dan conocimiento y «saber-hacer», y los empleados reciben. Pero el enfoque de la asesoría sobre el rendimiento ofrece también a los líderes oportunidades de aprender, ya que estimula la comunicación hacia arriba.

Vamos a ver algunos valores positivos de la asesoría sobre el rendimiento:

* Crea un clima para decisiones y cambios de alta calidad, porque combina los puntos de vista y el pensamiento de los trabajadores. Las personas suelen resistirse a los cambios. Pero el enfoque del asesoramiento sobre el rendimiento no sólo remueve las fuentes de esa resistencia, sino que estimula el cambio y el crecimiento.
* No es evaluativa ni negativa. La evaluación produce actitudes defensivas, y es poco frecuente que su resultado sea el crecimiento. Cuando los líderes minimizan las amenazas a los trabajadores, maximizan las oportunidades de que se produzcan intercambios de informaciones útiles.
* La sesión de asesoría sobre el rendimiento es un momento no sólo para hacer elogios, sino para reforzar el comportamiento y las actitudes apropiadas y para establecer nuevos patrones de rendimiento.
* Es un proceso de comunicación en los dos sentidos, en el que los líderes y los trabajadores intercambian informaciones, ideas, recursos y sentimientos.
* Este asesoramiento reconoce la relación existente entre los valores, las actitudes, los estilos de vida de los trabajadores y su rendimiento en el trabajo.
* Equilibra las críticas constructivas con el aprecio y el elogio.
* Estimula el intercambio y el establecimiento de patrones de rendimiento con la finalidad de llevar al crecimiento profesional y personal de los trabajadores.

| *Método de las entrevistas* | *Diga y venda* | *Diga y oiga* | *Oiga y responda (Asesoría para el rendimiento)* |
|---|---|---|---|
| Objetivos | • Comunicar la evaluación<br>• Convencer a los subordinados para que mejoren | • Comunicar la evaluación<br>• Eliminar los sentimientos negativos | • Estimular el crecimiento y el desarrollo del subordinado |
| Papel y actitud del líder | • Juez y generador de soluciones.<br>• El líder cree que los subordinados se benefician de las críticas (constructivas) | • Juez y auxiliador<br>• Las personas están abiertas al cambio cuando los sentimientos defensivos son eliminados | • Auxiliador y facilitador<br>• El líder muestra confianza en el subordinado y le facilita evaluar su rendimiento, posibilitando el análisis y la solución de los problemas que tenga |
| Habilidades exigidas al líder | • Capacidad de convencer | • Capacidad de convencer<br>• Capacidad de oír | • Oír de modo activo y reflejar<br>• Interés por los sentimientos con comprensión<br>• Hacer preguntas exploratorias |
| Posibles reacciones del subordinado | • El subordinado puede resistirse a los consejos y ponerse a la defensiva<br>• La relación puede volverse difícil y hostil<br>• El subordinado puede sentir que las críticas del líder y sus expectativas son injustas y que sus planes son incorrectos e inaceptables | • Se evitan las confrontaciones que llevan a comportamientos defensivos<br>• El subordinado no es presionado para que concuerde con la evaluación<br>• El subordinado puede sentirse aceptado y desarrollar una actitud positiva en relación al líder | • El subordinado se siente libre para evaluar su rendimiento<br>• Es motivado a pensar de un modo productivo y no contraproducente<br>• Encuentra soluciones aceptables, porque son las suyas<br>• Comunicación en los dos sentidos |
| Resultados probables | • El subordinado tiende a ocultar sus flaquezas<br>• Desarrolla insensibilidad y aprende a ignorar las críticas<br>• Se siente irritado y rechazado<br>• Algunos aceptan las críticas y se vuelven sumisos como «ovejitas»<br>• La comunicación hacia arriba es inexistente | • Se sostienen las buenas relaciones<br>• El líder aprende las necesidades del subordinado, sus sentimientos y aspiraciones<br>• El líder que oye estimula la comunicación hacia arriba<br>• El subordinado puede influir en los puntos de vista del líder sobre los métodos de gestión, las expectativas sobre el trabajo, etc. | • Maximiza la comunicación y el aprendizaje mutuos<br>• Mejora la satisfacción en el trabajo<br>• Aumenta el crecimiento y la responsabilidad<br>• Refuerza los comportamientos apropiados<br>• Ayuda a establecer nuevas pautas de rendimiento |

# 13
# Expresar sentimientos

Cuando el líder evalúa al trabajador y no está de acuerdo con sus ideas o parece sorprenderse ante sus opiniones, involuntariamente le incita a tener mucho cuidado con lo que dice, a reprimir sus sentimientos o a disponerse a apoyar cualquier idea que le presenten. En consecuencia, lo más frecuente será que el empleado no exponga lo que verdaderamente siente.

> PRIMERA SUGERENCIA
>
> Las críticas suprimen los sentimientos y alimentan la frustración. La aceptación y la comprensión animan a expresarlos y reducen la frustración.

Para facilitar la expresión de la frustración, los líderes deben comportarse de un modo abierto y no amenazador:

1. *Aceptando la expresión de los sentimientos.* Lo cual no significa estar de acuerdo. Significa que el líder reconoce como dignos de consideración los sentimientos o las ideas de la otra persona. El líder eficiente acepta no sólo las ideas, sino también al individuo. Como medio para mostrar su aceptación, no interrumpe al empleado cuando éste habla.

Además de reducir la frustración, la aceptación de los sentimientos de los empleados crea una relación mediante la cual éstos pueden:

* desarrollar la autodisciplina;
* aprender a resolver sus problemas;
* hacerse más responsables e independientes.

Lamentablemente, algunos gestores dependen demasiado de un lenguaje inaceptable: juicios, críticas, sermones, lecciones de moral, órdenes y amenazas. De ese modo, alejan de sí a los empleados, haciendo que éstos se pongan a la defensiva o se sientan resentidos o inferiores.

No es difícil aprender a comunicar la aceptación. Lo que el gestor necesita, ante todo, es oír y reflejar mensajes de aceptación. Sus esfuerzos ayudan a los empleados a expresar sus propios sentimientos, dominar sus temores y dar salida a sus hostilidades y frustraciones.

* La capacidad de oír pasivamente (sin decir nada) demuestra aceptación. El hecho de escuchar hace que el gestor escuche comunique su aceptación de un modo no verbal.
* Oír activamente es aún mejor. Para «abrir las puertas», estimular el intercambio de ideas o de sentimientos, el líder eficiente dice cosas como éstas:
    + «Expláyese sin miedo».
    + «Me interesa saber su punto de vista».
    + «Siga hablando; le escucho».

Ese tipo de incentivo no impide que el empleado hable, como ocurriría si el gestor le hiciera preguntas, le diera consejos o le endosara un sermón. El líder eficiente sabe que debe mantener al margen sus propios sentimientos. De hecho, le está diciendo al empleado:

* «Tiene usted derecho a expresar lo que siente».
* «Puedo aprender mucho de usted».
* «Sus ideas merecen ser oídas».

En la mayor parte de los casos, el gestor sólo necesita hacer ese tipo de invitación y dejar el camino libre para que el empleado se exprese libremente. Así acabará consiguiendo que el subordinado se sienta importante.

2. *Reflejando a su vez las expresiones de sentimientos.* Esta técnica se suma a la escucha activa, porque mantiene las puertas abiertas. Los gestores prevenidos sólo reflejan *(«feedback»)* lo que el trabajador dice. Ni más ni menos. A la vez, piden una verificación precisa de lo que han repetido. Lo cual demuestra que realmente estaban escuchando y tratando de

comprender. Las palabras de los líderes también demuestran a los empleados que su interpretación de lo dicho puede ser corregida.

El líder da pruebas de haber comprendido lo que el trabajador ha dicho. Por ejemplo, Yasmina (una trabajadora) dice:

> — Reconozco que estoy harta de la inspección que hacen todos los días a las diez. No es más que un modo de incordiarnos.

El líder eficiente puede dar el siguiente *feedback* a este sentimiento:

> — ¿Se irrita usted cada vez que debe afrontar una inspección? (La pregunta espera una respuesta positiva). ¿Piensa que las inspecciones son pura provocación y se siente nerviosa y frustrada? ¿Es así exactamente?

Cuando refleja las expresiones de sentimientos, el líder eficiente procura no «imitar» las mismas palabras del empleado. La «imitación» sería más o menos así:

> — De modo que está usted harta de las inspecciones que se hacen todos los días a las diez, porque no es más que un modo de incordiarla...

Esta repetición exacta de lo que Yasmina había dicho parece un simple eco.

En cambio, el gestor eficiente trata de reflejar los sentimientos contenidos en la esencia del mensaje, como pueden ser: alegría, odio, miedo, desilusión, irritación, orgullo, frustración o tristeza. Evita incluso incurrir en el error de aconsejar, interpretar, provocar, bromear o inspirar confianza, y evita especialmente endosar un sermón, culpar, amenazar, dar lecciones y/o juzgar al empleado.

Las personas sólo se liberan de los sentimientos inoportunos cuando se ven estimuladas y sienten confianza para expresarse libremente. No se abren mientras las actitudes del líder (aun cuando él no lo diga abiertamente) implican cosas como:

* «No confío en usted».
* «No acepto sus sentimientos».
* «Me parece que la culpa es suya».

Cuando el gestor refleja adecuadamente los sentimientos de aceptación, permite que los empleados usen ese *feedback* como elemento de repercusión, para poder discutir abiertamente el problema con su líder.

El simple hecho de expresar los sentimientos, en especial los de frustración y hostilidad, obliga al líder a encarar esos sentimientos de una manera más objetiva. Muchas veces los sentimientos no expresados parecen vagos y exagerados. Pero cuando se ponen en palabras, se tornan más claros. Los gestores eficientes saben que, después de expresar sus sentimientos, los empleados estarán más dispuestos a oír el punto de vista del líder.

SEGUNDA SUGERENCIA

Utiliza la técnica de oír activamente y refleja los sentimientos cuando veas que los trabajadores están emocionalmente perturbados o manifiestan tener un problema.

En suma, para reflejar la expresión de los sentimientos el líder debe:

a. querer oír;
b. querer ayudar;
c. aceptar genuinamente cualesquiera sentimientos;
d. confiar en la capacidad de sus subordinados para resolver sus propios problemas (los resolverán si tienen la ocasión de hacerlo);
e. abrirse hasta exponerse a las ideas de los subordinados y mostrarse dispuesto a cambiar;
f. rechazar las tentativas de manipulación (el problema es del subordinado, no del líder, de modo que es el subordinado quien debe encontrar la solución).

3. *Buscando las expresiones camufladas de resentimiento.* Los líderes eficientes no se centran tan sólo en la línea de pensamiento a que se entregan los subordinados, sino que tra-

tan de leer entre líneas. No dejan que las expresiones «con carga» pasen desapercibidas. Saben que, por lo general, el mejor momento para explorar esos sentimientos es cuando vienen de una manera espontánea. Tratan de reflejarlos tal como los oyen, para identificar la causa del resentimiento.

4. *Introduciendo y tolerando el silencio.* Esta técnica obliga a los empleados a expresarse adoptando una actitud activa. Si el gestor domina la conversación, lleva al trabajador a asumir un papel pasivo. Por el contrario, el gestor experimentado usa el comportamiento no verbal para que broten las ideas y los sentimientos.

Cuando el líder logra reducir los niveles elevados de emoción del trabajador, trata de comunicarse abiertamente y con exactitud. La mayor parte de los fallos en la comunicación tienen su origen en los malentendidos y no son culpa de las personas. Las pequeñas diferencias de puntos de vista acaban creciendo y transformándose en grandes diferencias, porque los seres humanos tendemos a sacar conclusiones apresuradas y a hacer juicios prematuros. Para no sacar conclusiones erradas, los líderes deben:

1. oír completamente a los subordinados, evitando emitir juicios y tratando de entender sus sentimientos;
2. obtener más informaciones de las personas que manifiestan ideas fuera de lo común. Diciendo algo así como: «Creo que no estoy entendiendo bien», se logra que el empleado sepa que puede discutir sus puntos de vista;
3. reforzar las aportaciones, especialmente los intentos iniciales de formular ideas. El líder debe decir algo así como: «Me encanta oírle expresar sus ideas. ¿Podría usted explayarse?»

Las preguntas pueden resultar amenazadoras si dan la impresión de formar parte de una investigación. Las respuestas se hacen entonces breves y defensivas. Las preguntas orientadas a obtener hechos o pruebas no llevan a descubrir cómo se sienten los participantes, porque tienen carácter de interrogatorio e indican duda o reprobación. Sin embargo, preguntas como «¿Podría decirme qué quiere usted decir con eso?», o

«¿Podría ser más explícito?», estimulan la expresión de los sentimientos y demuestran una voluntad de comprender.

Otro modo de conseguir mayores detalles consiste en pedir ejemplos. Los ejemplos concretos ayudan a promover una comunicación más exacta.

## Preocupación y confrontación

La asesoría sobre el rendimiento consiste en bastante más que en oír activamente y reflejar los sentimientos expresados. Pero oír con este tipo de atención es una habilidad crucial que muchas veces es la que determina que los trabajadores reciban ayuda cuando los líderes se la ofrecen. Cuando oye y refleja los sentimientos, el líder comprende a las otras personas y sus problemas. Oír de ese modo es tanto como decir: «No voy a intervenir haciéndome cargo del problema. De hecho, el problema es suyo. Es usted quien debe aclarar bien las cosas, y estoy seguro de que sabrá cómo hacerlo».

La audición activa también transmite el mensaje de que el líder se preocupa por lo que la otra persona piensa y siente. Cuando el líder consigue transmitir ese mensaje a través de una audición cuidadosa, no es raro que los empleados se vuelvan cada vez más deseosos de examinarse a sí mismos y sus problemas.

La audición activa se transforma en una habilidad útil para el líder, y muchas veces es el primer paso en la asesoría sobre el rendimiento. En ésta, el líder también tiene que tomar la iniciativa para expresar sus puntos de vista. Los especialistas llaman a ese proceso «confrontación».

La confrontación tiene lugar cuando el líder insiste en que el subordinado reflexione sobre algún punto o modifique algún aspecto de su comportamiento. Existen varios grados y tipos de confrontación, tanto constructiva como destructiva. Por tanto, los líderes eficientes deben saber cómo usar la confrontación de manera positiva.

Thomas Gordon[1] sugiere que una diferencia básica entre la confrontación menos efectiva y la más efectiva se manifiesta cuando el confrontador envía mensajes en segunda persona o lo hace en primera persona del singular.

Los esfuerzos ineficaces de confrontación comienzan con el uso del pronombre *usted:*

«Ha vuelto usted a llegar tarde».
«Tiene usted que empezar a llegar a la hora».
«Ejerce usted una pésima influencia sobre el personal de la oficina».
«Si usted no mejora...»
«Usted no parece entender lo importante que es llegar a la hora».

Mensajes de este tipo provocan resistencia, no cooperación. Los empleados pueden sentir que están trabajando duro y de manera eficiente, pero ¿de qué sirve todo su esfuerzo, si el patrón sólo se preocupa de la puntualidad?

Los mensajes que comienzan con el pronombre «yo» únicamente muestran cómo se siente el confrontador con respecto al comportamiento inaceptable:

«Me temo que los demás empleados van también a empezar a llegar tarde».
«Me desanimo cuando pienso en todo el trabajo que tenemos que hacer y veo una mesa vacía a las nueve de la mañana».
«Cuando usted llega tarde, pienso que no le gusta su trabajo, y eso me molesta enormemente».

NOTA: el gestor puede explicar el comportamiento y decir: «Esto me hace sentir...» Entonces el empleado tiene la posibilidad de corregir esa impresión.

Los mensajes que comienzan con el pronombre «yo» son más eficientes, porque:

---

1. TH. GORDON, *Leader Effectiveness Training*, Futura Publications, Ltd., London 1977.

* no hacen juicios;
* expresan el efecto que el comportamiento de la otra persona ejerce sobre el confrontador;
* descargan la responsabilidad de la acción correctiva en la otra persona, sin disminuirla ni convertirla en enemiga.

La siguiente lista (que incluye las características de los mensajes que comienzan con el pronombre «yo») destaca varios requisitos importantes de la confrontación eficiente:

1. *Da un «feedback» inmediato.* Por lo general, la mejor confrontación es la que se hace lo antes posible. Los retrasos suelen reducir su eficiencia.

2. *Muestra interés en ayudar.* El interés por los demás hace que la confrontación sea más aceptable.

3. *Habla de manera descriptiva y no evaluativa.* Las personas aceptan más fácilmente los hechos que los juicios.

4. *Céntrate en el comportamiento.* Describe acciones claras, tal como se reflejan externamente, y no atribuyas motivaciones internas a los demás.

5. *Describe los efectos.* La confrontación útil muestra cómo el comportamiento influye en los pensamientos y sentimientos del confrontador.

6. *Sé concreto.* Refiérete a hechos, y no trates de hablar sobre características de la personalidad o sobre actitudes que sospechas.

7. *Haz la confrontación cuando el otro esté bien dispuesto a aceptarla.*

8. *Confronta sólo cuestiones que el otro pueda corregir.* ¿Para qué confrontar a una persona sobre características físicas o sobre su historia personal?

   La confrontación exige un cierto coraje, pero suele compensar los riesgos. Dos temores principales tienden a hacer que los líderes no envíen mensajes de confrontación:

a. El miedo a ofender a la otra persona, que podría dar lugar a algún tipo de represalia o a que se rompiera la relación. Por ejemplo, un gestor puede dudar de confrontar a sus empleados por miedo a perder buenos trabajadores.

b. El miedo a revelar excesivamente el propio ego a otras personas. El gestor puede preguntarse: «¿Seguirá Fulano aceptándome y respetándome cuando sepa mi opinión sobre sus continuos retrasos?»

Por más irónico que parezca, cuando estas personas no hacen la confrontación, suelen escoger la alternativa más arriesgada, que consiste en enviar mensajes en segunda persona, endosando al otro la culpa y provocando respuestas defensivas. Los sentimientos con respecto a la otra persona acaban manifestándose del mismo modo, si no directamente, sí al menos de manera indirecta y a través de un comportamiento negativo. Por lo general, el proceso de ayuda sale ganando cuando el gestor envía un *feedback* sincero sobre el comportamiento de la otra persona y en el momento en que se presenta el problema.

Cuando el líder hace la confrontación, anima al empleado a hacer lo mismo, conociendo de ese modo las reacciones del líder. Lo cual no sólo proporciona más datos para la solución de los problemas, sino que además ayuda a mejorar los niveles de sinceridad y apertura, haciendo que la relación líder-empleado sea realmente interpersonal, y no sólo un frío y distante intercambio de informaciones entre dos personas.

## Ejercicio práctico n. 1

De entre las actitudes siguientes, selecciona las que pueden emplearse para facilitar la expresión de los sentimientos:

______ 1. Evalúa cuidadosamente cada declaración. Cuanto antes des tu *feedback*, tanto mejor.

______ 2. Deja claro tu deseo de que tu subordinado diga toda la verdad, pero que no pretendas saber nada de acusaciones de carácter emocional.

______ 3. Explica que cada persona necesita tener su turno para hablar, y que nadie debe interrumpir con comentarios.

______ 4. Explica cuáles son los puntos de la agenda que vas a abordar y no te salgas de ellos.

______ 5. Incluye intencionadamente largas pausas durante la discusión.

______ 6. Acepta sólo los comentarios positivos. Debes impedir cualquier comentario crítico respecto a los superiores.

______ 7. Responde tanto de manera verbal como no verbal, recurriendo, por ejemplo, a movimientos de cabeza para demostrar que estás escuchando.

______ 8. Manifiesta tu acuerdo con todas las expresiones de sentimientos, por más discordantes que sean con tus valores personales.

______ 9. Detente a explorar las expresiones cargadas de resentimiento.

______ 10. Procura aclarar los sentimientos vagos o exagerados.

______ 11. Habla lo menos posible.

______ 12. Para mostrar tu interés, interrumpe y haz comentarios.

______ 13. Cuenta tu historia, para que los demás sepan cómo te sientes.

______ 14. Presenta la solución que encontraste en otra ocasión en la que afrontaste un problema parecido.

SOLUCIÓN:

Respuestas correctas: 1, 3, 5, 7, 9, 10, 11.

## Ejercicio práctico n. 2

Sobre cada una de las frases que vienen a continuación, escribe una respuesta que transmita su significado y enfatice los sentimientos de quien habla:

______ 1. «Los amigos de mi pueblo me contaron que mi mujer/mi marido estaba saliendo con otra persona».

______ 2. «¿Sabes una cosa? ¡Aprobé el 98% de las pruebas que hice en el primer semestre!»
______ 3. «¡No soporto más a ese tipo!»
______ 4. «Sólo logramos cinco puntos en el partido de ayer».
______ 5. «Mis alumnos llevan tres días seguidos alborotando en clase».
______ 6. «¡Ese departamento de solución de problemas es un desastre!»
______ 7. «¡Estoy harto de la vida de estudiante!»
______ 8. «¡No soporto trabajar con este personal!»
______ 9. «No sé por qué no me dieron una carta de recomendación».

*Posibles respuestas al ejercicio n. 2*

Hay varias respuestas posibles. En los ejemplos siguientes, observa que todas hacen referencia a lo que «usted» siente y expresan lo que preocupa a la otra persona.

1. «Usted se siente irritado(a) y traicionado(a) porque su mujer (su marido) le está siendo infiel».
2. «Usted se siente estimulado por haber sacado buenas notas».
3. «Usted se siente ofendido e irritado porque esa persona le provoca».
4. «Usted está disgustado contigo mismo porque no ha ayudado a su equipo».
5. «Usted está confuso porque no entiende la razón del comportamiento de sus alumnos».
6. «Usted está disgustado porque las cosas van demasiado despacio».
7. «Usted está descontento porque no le agrada el ambiente de la escuela».
8. «Usted se siente frustrado porque no tiene a nadie con quien poder hablar».
9. «Usted se siente rechazado porque creía que merecía una recomendación».

## Ejercicio práctico n. 3

Escribe *AR* delante de las frases que hablan de Asesoramiento sobre el Rendimiento, y *F* delante de las que indican Frustración.

______ 1. «Por culpa de ellos no hemos conseguido el aumento».
______ 2. «Dos miembros del grupo no aparecieron por la reunión».
______ 3. «Observamos algunos intentos de reformular el punto de vista de los demás».
______ 4. «Vamos a hacer una experiencia con este procedimiento durante dos meses».
______ 5. «Odio esta organización».
______ 6. «Estoy de acuerdo en que la otra solución debe dar resultado».
______ 7. «Jamás aceptaré esa decisión. No lleva a nada».
______ 8. «Sólo un tonto como usted podría sugerir que exista una cosa así».
______ 9. «¿Podría darme usted un ejemplo concreto de eso?»
______ 10. «Si no consigue entender mi punto de vista, es que es usted un testarudo».
______ 11. «Después de plantear el problema, se quedó callado durante unos minutos».
______ 12. «¿Qué le parece la idea?»
______ 13. «Dudo que tengas prueba alguna al respecto».
______ 14. «¿Podría usted explicarlo con más detalle?»
______ 15. «Tres miembros del grupo bostezaron».
______ 16. «¿Por qué no ensayamos un planteamiento diferente?».
______ 17. «Podría usted describir otra vez cómo ve el problema?»
______ 18. «Si no está de acuerdo con esta solución, ¿tiene usted alguna alternativa?»
______ 19. «De nada sirve seguir hablando sobre eso».

SOLUCIONES:

*AR:* 3, 4, 6, 9, 11, 12, 14, 16, 17, 18.
*F:* 1, 2, 5, 7, 8, 10, 13, 15, 19.

## EJERCICIO
## Perfil eficiente del asesor sobre el rendimiento

*Instrucciones:* Trata de recordar a un líder al que conozcas, que reúna todas las características de un asesor eficiente sobre el rendimiento (un revelador de personas) y al que consideres como ejemplo a seguir.

Piensa cómo esa persona trata a los demás. Recuerda algún incidente concreto en el que ese asesor mostró todas las actitudes, habilidades o rasgos característicos de un asesor eficiente sobre el rendimiento (o revelador de personas). Haz una lista de tres, como mínimo, de esas características:

1. ______________________________

2. ______________________________

3. ______________________________

*Conclusión:* En los talleres y seminarios, los rasgos, actitudes y habilidades características del asesor eficiente sobre el rendimiento son los siguientes:

* Me hace sentir que soy una persona bienvenida.
* Muestra interés personal por los individuos.
* Muestra fe y confianza en las personas.
* Es amistoso, actúa con cortesía, muestra buenas maneras.
* Escucha con comprensión.
* Orienta y muestra el camino cuando es necesario.
* Pide mi opinión antes de darme la suya.
* Demuestra sincero interés por mi punto de vista sobre las cuestiones en discusión.
* Deja que las personas tomen sus propias decisiones.
* Me permite aprender a través de los errores que cometo.
* Da responsabilidad a las personas.
* No me exige que vaya yo a su despacho, sino que viene él con frecuencia a mi lugar de trabajo.
* Exige altos niveles de rendimiento.
* Recoge todas las informaciones y es objetivo al estudiar la cuestión.

* Es enérgico y, sin embargo, justo.
* No teme no ser apreciado cuando se trata de defender sus principios.
* Siempre es muy directo.
* Me permite saber cuál es mi posición.
* Da el debido crédito a quien lo merece.
* Establece un sentido de la valía personal.

Además de todo eso, en los talleres y seminarios los participantes citan con mayor frecuencia los siguientes incidentes u ocasiones en que el asesor eficiente manifiesta características de revelador de personas:

* al evaluar los resultados del rendimiento;
* al analizar el potencial de la persona;
* al atribuir funciones;
* al asesorar;
* al corregir;
* al decidir sobre reclamaciones y quejas;
* al resolver conflictos;
* al explicar/aplicar políticas;
* al responder preguntas;
* al dar órdenes/instrucciones directas;
* al delegar responsabilidades;
* al estimular el desarrollo personal;
* al reunirse con los subordinados/grupo.

# 14
# Solución de conflictos

A mucha gente le gustaría ver su vida libre de conflictos. Y otros, en cambio, se muestran sorprendidos cuando surge algún conflicto en su vida. Sin embargo, el conflicto es un hecho en cualquier relación, tanto familiar como laboral o social. Cuando las personas conviven con cierta estabilidad, en especial cuando están implicadas en cuestiones de gran significado personal, aparecen las diferencias.

Cuando las personas (individual o grupalmente) tienen algún conflicto, muchas veces se enrabietan, se ofenden, se amargan o se ponen a la defensiva. En ocasiones, desemboca en la ruptura de la relación o en un fuerte deterioro de ésta. Con todo, aunque el conflicto es inevitable en la relación entre las personas, también puede tener resultados constructivos.

Es más probable que los conflictos tengan efectos constructivos cuando el líder:

* los reconoce o prevé;
* comprende su potencial;
* presta la debida atención a los modos de afrontarlos.

El conflicto puede ser saludable cuando se utiliza:

* para comprender;
* para aclarar expectativas y funciones;
* para fortalecer las relaciones.

UNA SUGERENCIA A RECORDAR

El conflicto es más una señal de salud del grupo
que un síntoma de enfermedad.
La indiferencia amenaza más
al crecimiento de una relación que el conflicto.

La presencia del conflicto en una organización indica que los miembros de ésta están implicados en algo de suficiente importancia como para que tengan que afrontar las tensiones que inevitablemente conlleva.

Los grupos en los que no sucede nada que tenga la importancia suficiente para hacer luchar a las personas tienen más probabilidades de extinguirse que los grupos en los que se dan disidencias.

El profesor Richard Walton, de la Escuela de postgraduados en Administración de la Universidad de Harvard, examinó los impactos positivos que puede ejercer el conflicto en las organizaciones sociales y en el mundo de los negocios:

> «...un nivel moderado de conflicto interpersonal puede tener las siguientes consecuencias constructivas: Primero, puede aumentar la motivación y la energía disponible para la realización de las tareas exigidas por el sistema social. Segundo, puede aumentar la capacidad de innovación de los individuos y del sistema, debido a una mayor diversidad de puntos de vista y al crecimiento de la sensación de necesidad. Tercero, cada persona puede desarrollar una mejor comprensión de su propia posición, porque el conflicto le obliga a articular sus puntos de vista y a presentar todos los argumentos que los apoyan. Cuarto, cada participante en el conflicto puede llegar a una mejor conciencia de su propia identidad. Quinto, el conflicto interpersonal puede ser un medio para gestionar mejor los conflictos internos de los interesados»[1].

El conflicto tiene valor dentro de una organización porque:

- destaca los problemas que requieren atención;
- fuerza a hacer clarificaciones;
- puede proporcionar vigor a los líderes para luchar por soluciones permanentes:
- dirige los esfuerzos de la organización en la línea de encontrar soluciones:

1.R. WALTON, *Inter-personal Peacemaking: Confrontation and Third-Party Consultation,* Addison-Wesley, Reading, MA, 1969, 5.

* combate el letargo que puede apoderarse de la organización:
* desafía los viejos hábitos y restaura la creatividad dinámica que existía cuando se estaba constituyendo la organización:
* estimula el interés y la curiosidad.

El filósofo John Dewey escribió:

> «El conflicto es la mutación del pensamiento. Nos incita a la observación y a la memoria. Nos provoca a inventar. Nos sacude para que salgamos de la pasividad adormecida y nos hace tomar buena nota y ponernos a producir. El conflicto es un *sine qua non* para la reflexión y la sinceridad»[2].

Un clima de confrontación puede tener un valor incalculable en la solución de los problemas y en los procesos de toma de decisión. Estimula a las personas a ofrecer sugerencias y reduce las posibilidades de dejar de considerar otras alternativas. Si el disenso no se articula fuertemente, el «pensamiento grupal» puede apoderarse del organismo decisorio e impedirle llegar a decisiones sabias.

## Conflictos destructivos

El conflicto también puede desacelerar los procesos de toma de decisiones. En los grupos en los que es frecuente que las personas muestren desacuerdo, es obvio que el proceso irá más lento y puede llegar a herir a los individuos cuando los miembros rechacen sus ideas.

Muchas veces el conflicto hace que sea más difícil alcanzar los objetivos de la organización, al tratar de satisfacer las necesidades individuales. Como las discusiones internas son comunes en algunos grupos, es de admirar que se mantengan unidos.

---

2.J. DEWEY, *Human Nature and Conduct,* Modern Library, New York 1930, 300.

El conflicto prolongado entre los individuos puede perjudicar bastante su bienestar físico y emocional. Mucha gente tiene problemas de carácter psicosomático como resultado de intensas disputas dentro de sus organizaciones. Algunas personas se vuelven incapaces de desempeñar tareas que antes les resultaban fáciles. Otras recurren al uso de drogas o de alcohol como medio de escape de situaciones estresantes. Otras piden que se les encomiende un trabajo menos exigente...

Los individuos en conflicto pueden desviar gran cantidad de tiempo, energías y recursos que podrían ser canalizados hacia el logro de objetivos importantes. Concentran demasiado su atención en los problemas y menos en las soluciones. En consecuencia, quedan perjudicados los objetivos a largo plazo. La solución de los problemas inmediatos se convierte en la preocupación preponderante. Para afrontar la situación inmediata, las organizaciones transfieren personas, documentos y recursos materiales con menos consideración de lo que normalmente sería necesario. Como resultado, gastan excesivas cantidades de energía y tiempo apagando incendios, y no dan el tiempo suficiente a buscar soluciones permanentes que eviten peripecias futuras.

## Efectos del conflicto

Un grupo de gestores describe los resultados del conflicto en sus organizaciones. Su descripción incluye tanto los efectos positivos como los negativos.

*Los positivos:*

* Aparecieron problemas antiguos y se les dio solución.
* Se clarificaron los puntos de vista de las personas.
* La tensión alimentó el interés y estimuló el pensamiento creativo.
* Se produjeron mejores ideas, y las personas se vieron obligadas a buscar nuevos enfoques.
* Los individuos se sintieron desafiados y tuvieron oportunidad de dar prueba de sus habilidades.

*Los negativos:*

* Se produjo un clima de sospecha y desconfianza.
* Se redujo el contacto entre las personas, y algunas llegaron a interrumpir la comunicación con otras.
* Las partes que necesitaban cooperar y trabajar juntas pasaron a buscar sus propios intereses individuales, lo que desencadenó resistencias (activas o pasivas), en vez de trabajo en equipo.
* Algunos se sintieron derrotados, bloqueados y desmoralizados.
* Algunos individuos dejaron la organización.

## Conflicto intergrupal

Cuando surgen conflictos entre grupos, los líderes pueden esperar cambios en dos áreas:

1. Dentro del grupo.
2. Entre los grupos.

## Cambios dentro de cada grupo

1. *Aumenta la cohesión entre los miembros.* Las amenazas externas o los enemigos comunes llevan a los miembros del grupo a unir sus fuerzas. Olvidan las disputas internas y dejan de lado las diferencias individuales. La lealtad al grupo y el amoldamiento al mismo se vuelven muy importantes. Y cobra relieve la unidad de objetivos.

2. *Los miembros se orientan más intensamente a la tarea.* Tienen menos tiempo de holganza. Todo el grupo se centra en la tarea de afrontar los desafíos. Los miembros se preocupan menos de su satisfacción individual y ponen mayor énfasis en la realización del trabajo.

3. *El liderazgo se vuelve más autocrático.* Como el grupo siente la presencia del peligro, la naturaleza crítica de la situación atribuye un gran valor a la habilidad de controlar las acciones de los individuos. Los miembros tienden a exigir un fuerte liderazgo directivo. Los líderes ya no

estimulan sólo las discusiones grupales y la toma de decisiones en común, sino que ellos mismos emiten órdenes y toman decisiones rápidas y casi unilaterales.

4. *Aumenta el énfasis en las estructuras formales.* Para garantizar la realización lograda de la tarea, las atribuciones de los miembros se delimitan con mayor claridad, y son los reglamentos los que pasan a detentar el control.

5. *Las normas del grupo se vuelven más fuertes.* Resaltan los modos comunes de proceder. Los miembros demuestran claramente su lealtad a los valores del grupo, con escasa tolerancia para con los miembros que no presentan una postura unificada.

## Cambios entre los grupos en conflicto

La relación entre los grupos en conflicto tiende a cambiar, siguiendo estas líneas:

1. *Aumento de las actitudes negativas y de las hostilidades.* Se vuelven negativas las percepciones del grupo en relación a los demás. Los rivales pasan a ser vistos como enemigos. Los estereotipos negativos, que colaboran a la escalada del conflicto, se convierten en dominantes:

   «Ellos no ponen nada de su parte».
   «No se puede confiar en ellos».
   «Quieren que todo se vaya al garete»...

2. *Disminuye la comunicación entre los grupos.* A medida que crece el conflicto, disminuye la interacción entre los grupos. Pasan a considerar la confraternización con el enemigo como un comportamiento divergente. Su falta de tolerancia para con ese tipo de comportamiento se manifiesta a través de castigos como cortar la comunicación con los miembros del propio grupo que se comportan mal.

3. *Distorsiones de percepción.* Los grupos se ven a sí mismos bajo la luz más favorable y a los demás de la manera más desfavorable. Ignoran las debilidades negativas de sus

propios miembros y no dan consideración alguna a la fuerza positiva de sus oponentes. Se desarrolla una percepción selectiva.

4. *Estrecho control de los rivales.* Los grupos ponen cada vez mayor énfasis en controlar las acciones, la entrega y los logros de sus rivales; en especial, si realizan actividades incorrectas o ilegales, lo que les sirve para reforzar sus estereotipos negativos.

## Consecuencias de la victoria o de la derrota

Muchos conflictos se originan en situaciones de victoria-derrota. ¿Qué sucede en los grupos que vencen y en los que pierden, como resultado del conflicto intergrupal?

*En los grupos victoriosos:*

* La cohesión tiende a mantenerse elevada. La victoria da a los miembros una razón más para permanecer unidos.
* Comienzan a sentirse a gusto. Los miembros pueden volverse complacientes, pensando que la victoria confirma sus propios estereotipos positivos y los estereotipos negativos de los otros. Pueden no hallar razón alguna para reexaminar sus percepciones.
* Con la disminución de la preocupación por el desempeño de la tarea, aumenta el interés por las necesidades individuales de los miembros.

*En los grupos derrotados:*

* Hay una fuerte tendencia de los miembros a distorsionar o negar el hecho de la derrota. Presentan disculpas como: «No tuvimos suerte». «No entendimos correctamente las reglas del juego». «Nos hicieron trampas»...
* Los derrotados sienten la necesidad de trabajar más fuerte, de descubrir qué hizo mal el grupo y dónde están los verdaderos puntos fuertes y los puntos débi-

les de los oponentes. Como los perdedores no suelen aceptar gustosos la derrota, acostumbran a reorganizarse y hacerse más eficientes. Las tensiones entre los grupos se hacen más marcadas, y algunas veces el conflicto se renueva.

* Si aceptan la derrota, tienden a subdividirse. Los viejos conflictos reaparecen cuando los miembros buscan al culpable. Los derrotados quedan descontentos y generalmente cambian de liderazgo, después de serios conflictos internos.

## Fuentes de conflicto

Los conflictos se dan en todos los aspectos de la vida. Pero, ¿por qué? Las seis causas más comunes son:

1. Diferencias de percepción.
2. Diferencias de prioridad o de valor.
3. Diferencias de expectativas o de presiones de la función.
4. Divergencia de objetivos.
5. Auto-estima o amenazas al *status*.
6. Conflictos de personalidad.

### *1. Diferencias de percepción*

Como perciben el mundo de manera diferente, Ana y Marta no logran estar de acuerdo en nada. Discuten incluso sobre si el vaso está medio lleno o medio vacío. Las personas actúan según sus percepciones de la realidad, que pueden no coincidir con la realidad en sí misma. Lo cual origina problemas, porque nuestras experiencias limitan nuestras percepciones.

Nuestras percepciones son como filtros únicos e individuales, a través de los cuales todo lo traducimos a nuestra realidad subjetiva. No hay dos individuos que lo vean todo de la misma forma, y eso lleva frecuentemente a malentendidos, confusiones y conflictos.

Como ejemplo de las diferencias de percepción, vamos a considerar el gato doméstico común. Para el dueño de la casa, el gato es una ratonera ambulante, y los amantes de las aves dicen que el gato es una «amenaza». El perro ve al gato como un animal que hay que cazar y hasta destruir. Para el ratón, el gato es un monstruo. Para otro gato, puede ser un amigo o un rival. Cada cual tiene una percepción diferente sobre el gato, y esa percepción determina su reacción individual ante él. Veamos una divertida historia del tiempo de la guerra:

> Dos militares (un oficial y un joven soldado) estaban sentados en el tren, frente a una señora y su atractiva nieta. El tren entró en un túnel, y todo quedó a oscuras. En medio de la oscuridad, todos escucharon dos ruidos: el de un beso bastante fuerte, seguido del eco de una bofetada.
>
> Cuando el tren salió del túnel, nadie dijo nada, pero he aquí lo que pensó cada una de aquellas cuatro personas:
>
> La anciana, segura de que el joven soldado había besado a su nieta y, por tanto, merecía la bofetada, pensó: *«¡Qué gran nieta tengo! Sabe cuidar de sí misma. Estoy orgullosa de ella».*
>
> La nieta, «sabiendo» que el joven soldado había tenido intención de besarla a ella, creyó que se había equivocado en la oscuridad. Y pensó: *«¿Por qué la abuela se ha puesto tan brava por un besito de nada? Es un chico guapísimo. Qué mano tan dura tiene la abuela».*
>
> El oficial pensó: *«Este soldado ha besado a la muchacha, y parece que a ella no le ha gustado. Pero en la oscuridad, ella se ha confundido. Estos jóvenes de hoy son muy expertos. Roban un beso y hacen que la culpa caiga sobre otra cara. Menudo bofetón me ha dado».*
>
> El soldado, riendo de felicidad, pensó: *«¡Ah! ¡Qué país maravilloso! ¿En qué otro sitio podría un joven soldado como yo besar las palmas de su propia mano y dar después una buena bofetada a su oficial comandante?»*

Esta historia ayuda a clarificar tres factores que complican el problema de las diferencias de percepción:

1. Casi nadie ve la situación como verdaderamente es. Lo que las personas no logran ver, lo completan a base de suposiciones e imaginación.

2. La mayoría de las personas tienden a creer que los demás ven las cosas como las ven ellas. Cuando el empleado no trabaja de la forma que el líder desea, éste tiende a creer que tiene subalternos idiotas o testarudos.
3. Ciertas emociones como la rabia, el miedo, la frustración y la ansiedad tienden a distorsionar las percepciones y las diferencias.

### *2. Diferencias de prioridad o de valor*

Los valores son creencias profundamente arraigadas. Cuando personas con diferentes sistemas de valores intentan trabajar juntas, normalmente brotan conflictos. Los conflictos sobre valores se presentan cuando hay diferencias de puntos de vista sobre religión, moral, ideología o filosofía.

Los valores ayudan a amoldar las posiciones básicas de los individuos en relación a otras personas. Esos valores muestran su fuerza cuando son desafiados, porque las personas involucran en ellos sus más fuertes sentimientos emocionales. Cuando un conflicto está relacionado con los valores, las personas tienen mucha dificultad en cambiar su posición. Los líderes eficientes tratan de ayudar a las personas a ver nítidamente los valores que están en juego, a comprender la importancia que tienen para los demás y a aceptar sus posiciones.

### *3. Diferencias de expectativas o de presiones de la función*

Todo tipo de trabajo abarca responsabilidades y comportamientos que se esperan de la persona que lo ejecuta. Las otras personas de la organización que interactúan con uno dependen de la actuación del otro, de si hace las cosas de una o de otra forma, para realizar su tarea propia y para ver atendidas sus propias necesidades.

Como existe esa dependencia mutua, se desarrollan creencias sobre lo que los otros deberían o no deberían hacer. Se producen entonces irritaciones en torno a las presiones sobre la función y a las expectativas que cada persona tiene respecto de las demás.

Los conflictos se originan con mucha frecuencia en los diferentes tipos de expectativas. Por ejemplo, Ramón espera que su jefe le diga cuándo no está satisfecho con el trabajo que hace. Y el jefe espera que Ramón le pida su reacción sobre el rendimiento en su trabajo. El conflicto surge cuando uno de los dos deja de cumplir la expectativa del otro. Pistas que revelan las expectativas aparecen cuando se dicen cosas como éstas: «Yo quería que usted...», o «Yo esperaba que usted...»

### *4. Divergencia de objetivos*

Veamos un problema: Manuel y Jesús trabajan para una misma organización, pero en departamentos diferentes. Manuel desea ayudar a la compañía a obtener mayores beneficios, mejorando la calidad de sus productos. Jesús también quiere que la compañía obtenga mayores beneficios, pero mediante la reducción de costos.

En muchas organizaciones, los gestores trabajan en pro de objetivos personales, en lugar de luchar por el logro de las metas de la organización. Ello les lleva a competir por los recursos disponibles. La inexistencia de espíritu de equipo puede llevar a situaciones de enormes conflictos.

### *5. Autoestima o amenazas al «status»*

José Luis dice que tiene una idea excelente, pero la autoestima de Albino depende de que todas las buenas ideas sean suyas. Albino es el jefe, y el jefe siempre sabe más. En situaciones de este tipo, el *status* y la autoridad se transforman en fuentes de odio y frustración.

### *6. Conflictos de personalidad*

Ciertas personas con distintos valores no pueden mezclarse unas con otras. Por muy flexibles y llenas de recursos que se consideren, sigue valiendo la vieja rima:

«No me gusta Fulanito,
y no sé por qué razón;
sólo sé de corazón
que no me gusta Fulanito».

Toda persona que trabaje en cualquier organización sabe que siempre existe un jefe o un colega malhumorado. Los individuos problemáticos son parte de la realidad de quienes tienen que trabajar con ellos. Por su mismo natural hostil, esas personas están siempre más predispuestas a los conflictos. Los individuos que tienen fuerte necesidad de maltratar a otros utilizan con frecuencia el ámbito del trabajo para expresar sus hostilidades. Personas dotadas de poca autoestima compensan esa falta a través de la beligerancia contra otras personas.

La idea de que un conflicto se esté produciendo por choques de personalidad puede describir bastante bien un conflicto que estén experimentando unas personas. Pero por detrás casi siempre se esconden aspectos de la situación que los líderes deben cambiar para eliminar el conflicto.

Una buena manera de comenzar a corregir la opinión sobre las personas problemáticas es hacer preguntas relacionadas con las actuaciones de esas personas en otros lugares. Por ejemplo, algunas personas con quienes es difícil congeniar, tal vez sean bastante apreciadas y sociables fuera del trabajo. Y eso nos pone frente a una pregunta intrigante: si la causa del conflicto está en la personalidad de los individuos afectados, ¿por qué esas personas no son difíciles de aceptar siempre y en toda ocasión?

Otras preguntas interesantes hablan sobre las actitudes de esas personas problemáticas con relación a su trabajo. ¿Creen que están haciendo su trabajo con el enfoque debido? ¿Tienen razones comprensibles para explicar su modo de pensar? ¿No estarán frustradas en el trabajo? Preguntas como éstas pueden revelar causas propias del ámbito de trabajo que subyacen a los conflictos.

En el capítulo siguiente vamos a hablar más sobre el conflicto. Pero primero vamos a hacer un rápido ejercicio:

1. Trata de recordar un conflicto (lo más reciente posible) que hayas tenido con otra persona. ¿Puedes decir

por qué tuvisteis esa divergencia? ¿Puedes darte cuenta ahora de que una parte del problema se debió al hecho de que ambos veíais la misma situación de forma diferente? (Recuerda el ejemplo del gato).

2. Pregúntate cuáles fueron los valores personales que te llevaron a tomar la posición que tomaste. (No intentes descubrir cuáles eran los valores de la otra persona. En este punto, piensa sólo en los tuyos).
3. ¿Podías haber tenido perspectivas más amplias con la otra persona sin comprometer ni abandonar tus valores?

No dediques más de diez minutos a este ejercicio. Su único objetivo es que pienses en tus propios valores y en cómo influyen en tus decisiones y acciones.

# 15
# Reacciones al conflicto

Piensa en los conflictos interpersonales en que te has visto envuelto en los últimos años. ¿Cómo reaccionaste cuando viste a otras personas entrar en conflicto? ¿Tuviste miedo? ¿Ansiedad? ¿Sensación de incapacidad? ¿Qué sentimientos experimentaste cuando entraste en conflicto con un subordinado? ¿Y con un colega?

Lo mismo que tú, la mayoría de las personas experimentan rabia, frustración y otras emociones negativas. El desafío que se presenta a los líderes no es acabar de una vez por todas con los conflictos, ni negar su existencia, que sería aún peor. El desafío consiste en desarrollar maneras de afrontar de manera constructiva los conflictos.

Ningún grupo u organización, ni siquiera ninguna relación puede existir durante mucho tiempo sin que las personas implicadas experimenten diferencias, malentendidos y hasta discusiones. Si los líderes creen que los malentendidos son un error en sí mismos, que son ruines o perjudiciales, su reacción será:

* huir/evitar (negarse a reconocer la existencia del problema);
* retirarse (salirse de la escena);
* resolverlo prematuramente;
* suprimir todo tipo de discusiones o diferencias.

Ninguna de esas reacciones contribuye al desarrollo de unas relaciones saludables.

Por otro lado, los líderes eficientes consideran los conflictos como algo normal, natural e inevitable. Esta actitud les permite afrontar abiertamente las situaciones desagradables. Y la confrontación puede llevar al crecimiento del líder y al de los subordinados.

Los líderes deben aprender las técnicas comprendidas en la gestión y resolución constructiva del conflicto. Los conflictos no resueltos o inapropiados han perjudicado a muchos individuos y organizaciones. Pueden minar los recursos humanos, así como los recursos naturales, físicos y técnicos. Por eso la necesidad de técnicas de resolución de conflictos es tan básica para la eficiencia del liderazgo y el éxito de la organización como la habilidad para administrar los negocios ordinarios de la organización.

## Técnicas para resolver conflictos

En cualquier conflicto que se manifieste entre dos partes, el enfoque y el estilo de resolución del conflicto dependen de:

*La asertividad.* Cuando son importantes los objetivos que están en juego, los líderes necesitan mostrar una acción afirmativa, asertiva, en pro de los objetivos, puntos de vista y necesidades de la organización. Aunque los resultados no sean muy importantes, el líder eficiente mantiene esa acción asertiva.

*La receptividad.* El nivel de receptividad está determinado por el valor que los líderes (o grupos) dan a los puntos de vista, necesidades y objetivos de la otra parte, así como al mantenimiento de una buena relación con ella.

Los líderes necesitan especializarse en estas dos técnicas (asertividad y receptividad), tanto para resolver las situaciones de conflicto como para tratar a las personas en general.

## Definición de la asertividad

Asertividad, afirmación, implica alzarse en defensa de los derechos personales. Las personas asertivas tienen la habilidad de expresar sus pensamientos, sentimientos y creencias abiertamente, en directo, de forma sincera y apropiada, de modo que no infrinjan ni usurpen los derechos de los demás.

El comportamiento afirmativo, asertivo, dice:

* «Esto es lo que yo pienso».
* «Así es como me siento».
* «Así es como veo yo la situación».

La actitud asertiva implica respeto. En primer lugar, las personas asertivas se respetan a sí mismas (expresando sus necesidades y defendiendo sus derechos), lo mismo que respetan los derechos y necesidades de los demás. Respeto es casi lo opuesto a deferencia, si a esta palabra le damos el sentido de retraimiento, de exagerada apologética del otro o de actuar de manera servil, como si la otra persona tuviera siempre la razón, sin posibilidad de ningún tipo de cuestionamiento. Algunas veces la deferencia se debe a que la otra persona es de más edad, o más poderosa, o más experimentada, o con mayores conocimientos.

## ¿Por qué actuar asertivamente?

Entre las razones más importantes para actuar asertivamente están las siguientes:

* La actitud asertiva aumenta el auto-respeto y desarrolla una auto-imagen positiva. Las personas asertivas tienen el control de sus propias vidas.
* La actitud asertiva produce mayor sensación de autoconfianza, reduce la inseguridad y la necesidad de la aprobación de los demás.
* La actitud asertiva consigue muchas veces que el individuo tenga sus necesidades satisfechas y que sus preferencias sean respetadas.
* La actitud asertiva produce relaciones más estrechas y más satisfactorias con las demás personas.

Aunque hay quien está en desacuerdo con el comportamiento asertivo, la mayoría de las personas respetan y admiran a quienes muestran respeto por sí mismos y por los demás, a quienes tienen el valor de tomar una posición y tratan el conflicto de manera abierta y justa.

Cuando las personas saben cómo se sienten y lo que desean, cuando adoptan una acción asertiva para presentar sus puntos de vista y cuando se aseguran de que serán escuchadas, todos terminan ganando, porque el comportamiento asertivo:

* da energías y hace que las personas se sientan más fuertes;
* tiene poder terapéutico, porque las personas expresan sus tensiones y diferencias;
* mejora las relaciones;
* ayuda a realizar cosas importantes.

A pesar de que los individuos no siempre consiguen sus objetivos, el comportamiento asertivo maximiza las posibilidades de que ambas partes alcancen, al menos en parte, sus metas, satisfagan sus necesidades y vean respetadas sus preferencias.

También los grupos terminan ganando, porque el comportamiento asertivo de los miembros lleva a:

* una mejor utilización de los recursos, y a que no siempre gane quien habla más alto;
* una mayor iniciativa, porque las personas presentan sus ideas;
* una mejor resolución de los problemas y una mejor toma de decisiones.

Los consultores de gestión y profesores Dave Francis y Don Young[1] hacen algunas recomendaciones para mejorar el comportamiento asertivo. Son éstas, un poco adaptadas:

1. *Evita presentaciones emocionales.* Abordar los asuntos con rabia y con actitud ofendida agota las energías que hay que canalizar hacia los objetivos y confunde la cuestión. Los líderes más experimentados se limitan a un mensaje claro y directo.

2. *Trata sólo una cuestión cada vez.* Los gestores deben ser claros con respecto al punto adonde quieren llegar, y permanecer fijos en esa dirección hasta resolver el asunto.

---

1. D. Francis y D. Young, *Improving Work Groups: A Practical Manual for Team Building,* University Associates, San Diego, CA, 1979, 104-105.

Sólo retroceden cuando deciden racionalmente que es imposible avanzar.

3. *Sé claro y directo.* El líder debe poner el asunto sobre el tapete de manera simple y valiente. La complejidad y los rodeos son enemigos de la solución.
4. *Transmite tus sentimientos.* Los líderes deben dejar ver a los demás, con exactitud, cuáles son sus sentimientos. Deben hablar, por tanto, con sinceridad y evitar las exageraciones y la falsa humildad.
5. *Ten cuidado con las provocaciones.* Las personas pueden tratar de distraer al líder, o de presionarle para que reaccione a sus argumentos. Pero los gestores saben dejar que los opositores digan lo que tienen en mente, y luego saben retomar la línea de pensamiento que estaban siguiendo antes.
6. *No seas represor.* Como los demás también tienen sus puntos de vista, el gestor eficiente acepta la verdad existente en lo que los otros dicen. Hace saber a los demás que acepta sus puntos de vista, y luego retoma su propio mensaje.
7. *Admite abiertamente tus errores.* Cuando está equivocado, el líder experimentado lo dice abiertamente. Todos respetan la honradez. Hay que ser fuerte para admitir que uno estaba equivocado, y los líderes inteligentes aprenden de sus propios errores.
8. *Escoge la solución más aceptable.* Cuando trabaja en busca de lo que desea, el líder más experimentado mantiene los ojos abiertos a las necesidades de los demás, tratando de satisfacerlas como trata de satisfacer las suyas. Así, ambas partes salen ganando.

Sin asertividad, el conflicto produce frecuentemente dos tipos de comportamientos:

*No-afirmación:* reprimir los sentimientos y negar su expresión.

*Agresividad:* lograr los propios objetivos a costa de los demás.

Es típico que las personas no-asertivas se sientan ofendidas y ansiosas. Posteriormente, suelen mostrar rabia. Por lo general, las personas agresivas se sienten superiores a las demás cuando hablan y actúan. Después pueden mostrar sentimientos de culpa. Las personas asertivas se sienten confiadas y tienen auto-respeto, tanto en el momento de actuar como después.

Es frecuente que las personas actúen de manera no asertiva en una serie de situaciones, hasta que sus sentimientos crecen hasta llegar al punto de explosión. Su comportamiento pasa entonces de pasivo a agresivo (ataque directo).

## ¿Por qué actúan las personas de manera no asertiva?

Los líderes deben comprender la razón por la que las personas deciden no ser asertivas. Según los consejeros del comportamiento Arthur Lange y Patricia Jakubowski[2], las personas actúan no asertivamente porque:

1. *Confunden afirmación con agresión.* Por su pasado cultural y por el modo en que fueron educados, hay muchos individuos que consideran equivocadamente que sus impulsos afirmativos naturales son fuerzas peligrosas que deben controlar a toda costa. Entre las mujeres, particularmente, es frecuente que hayan recibido el mensaje de que su comportamiento asertivo natural es agresivo y hombruno.

2. *Confunden la no-afirmación con la cortesía.* Muchas personas actúan de manera no-asertiva, dominadas por la falsa impresión de que están siendo educadas y corteses, porque han aprendido que no es educado el uso del pronombre «yo». También se les ha dicho muchas veces que es falta de educación interrumpir o contradecir a las personas más mayores o de *status* más elevado.

---

2. A. Lange y P. Jakubowski, *Responsible Assertive Behaviour,* Research Press, Champaign, ILL, 1978.

3. *No aceptan sus derechos personales.* Muchas veces las personas no entienden que tienen derecho a expresar sus sentimientos (afecto, dolor, repulsa, insatisfacción, desacuerdo...), a defenderse a sí mismas y a cuidar sus necesidades emocionales. Incluso llegan a creer que no deberían tener esos sentimientos.

4. *Sienten ansiedad por las consecuencias negativas.* Muchos individuos sienten ansiedad frente a lo que podría sucederles como consecuencia de un comportamiento asertivo. Por lo general, temen perder el afecto y la aprobación de los demás, o que les tomen por pretenciosos, faltos de sentido común o egoístas, o que pueden herir los sentimientos de los otros, que se molestarán y los rechazarán.

5. *Confunden la no-aserción con la obsequiosidad.* De hecho, ese comportamiento sirve para «salvar» a los demás; «salvar» significa aquí ayudar a quienes no necesitan ayuda y olvidar las necesidades propias.

   Los líderes eficientes saben distinguir la ayuda verdadera de la obsequiosidad malsana. Cuando se produce una ayuda verdadera, las acciones de quien la recibe se ven modificadas positivamente y, en un momento dado, esa persona llega a no necesitar más ayuda. En la acción «salvadora», una personas o un grupo acaban asumiendo el papel de víctimas, mientras que el otro grupo sigue con el mismo comportamiento malsano.

6. *No poseen habilidades asertivas.* Muchos individuos no saben cómo actuar de manera afirmativa. No aprenden porque no tienen oportunidad de ver cómo otras personas se manejan asertivamente en situaciones semejantes a las suyas.

## Consecuencias no-asertivas

El comportamiento no afirmativo tranquiliza a los demás y evita el conflicto a cualquier precio. Aun cuando esas acciones cuesten a las personas su propia integridad, también las refuerzan al permitirles eludir o liberarse de los conflictos que producen ansiedad. Además, reciben estímulo a su no-asertividad, pues siempre hay alguien que les elogia por su abnegación, su bondad, su silencio, su sumisión, su conformidad y su habilidad para no causar problemas.

Sin embargo, a largo plazo el comportamiento no-asertivo (o la sumisión) lleva a una creciente pérdida de la autoestima y al aumento de la sensación de estar ofendido y odiar. Las personas experimentan tensión, se sienten constantemente oprimidas y terminan desarrollando problemas psicosomáticos como jaquecas, dolores de espalda y problemas estomacales. En no pocos casos, llegan a caer en una depresión general. Aunque los demás inicialmente manifiesten pena por las personas no-afirmativas, su piedad acaba transformándose en irritación y, finalmente, en disgusto.

### Por qué las personas actúan agresivamente

Entre las razones para el comportamiento agresivo están:

1. *Sentirse incapaz o amenazado.* En general, las personas actúan de manera agresiva cuando se sienten vulnerables a ataques previstos o próximos a producirse. La reacción agresiva resultante funciona como auto-protección.
2. *No-afirmación previa.* La agresión también se da cuando las personas actúan de manera sumisa durante mucho tiempo, permitiendo que los demás abusen de sus derechos. Eventualmente, el sentimiento de ofendidos y la ira crecen hasta un punto en el que, finalmente, el individuo se siente justificado para actuar agresivamente.
3. *Creencias sobre la agresión.* Muchas personas creen que sólo es posible comunicarse con los demás mediante comportamientos agresivos. O creen que viven en un mundo hostil, en el que necesitan ser agresivas para poder sobrevivir.
4. *Refuerzo.* Algunos individuos que actúan agresivamente, lo hacen porque sus organizaciones, su familia o las subculturas en que han vivido han apoyado y reforzado sus comportamientos agresivos.

5. *Falta de habilidades asertivas.* Algunos individuos nunca adquirieron las habilidades afirmativas necesarias para afrontar una situación concreta.

## Consecuencias de la acción agresiva

El comportamiento muy agresivo tiene resultados positivos inmediatos, que acaban siendo negativos a largo plazo. Esos resultados inmediatos, aparentemente positivos, incluyen el relajamiento emocional, una sensación de poder, la conquista de objetivos, y la satisfacción de sus necesidades sin experimentar reacciones negativas directas.

Entre las consecuencias negativas a largo plazo se encuentran la pérdida o no establecimiento de relaciones, y la sensación de que hay que estar siempre alerta ante posibles ataques. El comportamiento altamente agresivo acaba causando problemas físicos, como la hipertensión, complicaciones cardíacas, úlceras, y una sensación de alienación. Debido a tales consecuencias negativas, las personas normalmente agresivas acaban sintiéndose muy mal entendidas y poco o nada apreciadas.

Además, practican la venganza de modo directo o indirecto, causando daños físicos, cometiendo errores deliberados, siendo sutilmente irritantes, o hasta volviéndose autodestructivas, en un intento por conseguir que sus supuestos agresores se sientan culpables.

## Resumen

Con el comportamiento no-asertivo (sumisión), generalmente las personas se hieren a sí mismas, por su propia autonegación. Si tienen exageradamente desarrollada la reacción «educada», pierden el derecho a actuar como les gustaría, son incapaces de expresar sus verdaderos sentimientos y casi nunca logran alcanzar sus objetivos.

Con el comportamiento agresivo, la mayor parte de las veces las personas logran sus objetivos hiriendo a los demás o violando sus derechos. Eso genera venganza y odio por parte de los otros, cosa que las pone en estado de ansiedad.

Con el comportamiento asertivo, las personas son capaces de alcanzar sus objetivos sin herir los sentimientos de otros ni violar sus derechos, sin impedirles expresar sus opiniones. El comportamiento asertivo dignifica a la persona y da expresión sincera a los sentimientos y puntos de vista. La autoafirmación conduce a:

* un aumento del auto-respeto;
* un aumento del respeto a los demás;
* un mayor control sobre la vida;
* una mayor influencia sobre los acontecimientos externos;
* una mayor libertad con respecto a las presiones y opiniones ajenas;
* una mayor flexibilidad en las interacciones con las demás personas;
* una mayor capacidad interpersonal;
* un acrecentamiento de las habilidades para la relación interpersonal y una disminución de las manipulaciones por parte de los demás.

# 16
# Comportamientos afirmativo y receptivo

Los comportamientos afirmativo y receptivo representan las dos caras de una misma moneda. Son comportamientos abiertos, interactivos, que resuelven problemas.

*El liderazgo receptivo* implica escuchar de modo activo y con empatía. Comunica un mensaje que solicita información o sentimientos, e implica un estilo que demuestra disposición a escuchar a los demás cuando presentan sus necesidades, objetivos, creencias y puntos de vista, al igual que mantiene el contacto cara a cara y formula preguntas que estimulan la colaboración, demostrando interés y comprensión con su manera de abordar los problemas.

El especialista en desarrollo de recursos humanos Malcolm E. Shaw observa:

> «La conclusión más sobresaliente de decenas de proyectos de investigación sobre la eficiencia en el liderazgo es que los comportamientos afirmativo y receptivo, combinados de diversas maneras, producen mejores resultados que el comportamiento agresivo y no-asertivo»[1].

Vamos a ampliar un poco la investigación de Shaw. Él y otros nos transmiten gran cantidad de datos útiles:

1. Los líderes que trabajan por alcanzar los propósitos de la organización y muestran interés por las necesidades de los demás obtienen mejores resultados que los que ignoran o menosprecian a los demás.
2. Los líderes autoritarios o autocráticos son menos eficientes que los que son directos y accesibles a sus subalternos.

---

1. M. E. SHAW, *Assertive-Responsive Management*, Addison-Wesley, Reading, MA, 1979, 25.

3. Los métodos que reflejan un genuino interés por los derechos, necesidades, objetivos y recursos de los demás, producen resultados positivos.

Si los métodos interactivos son importantes para la organización y más eficientes, el desarrollo de la capacidad del líder para actuar de acuerdo con sus convicciones y recursos (asertividad) y para reaccionar a las convicciones y recursos de los demás (receptividad) es vital para mejorar la eficiencia personal y organizacional. Más importante aún: estar bien afianzado en uno mismo, a la vez que interesado por las personas del entorno, es la clave para la realización personal y para la salud emocional.

> «Shaw afirma que el comportamiento asertivo-receptivo es la reacción más apropiada al conflicto-solución, porque incluye los recursos de las dos partes implicadas. Así, en un conflicto entre el sindicato y la dirección, es esencial para ésta saber lo que desea aquél, cuál es su posición y lo que pretende. Por otro lado, el sindicato tiene que tener también esa misma información sobre la dirección. Así que cada una de las partes debe, de algún modo o en un determinado momento, afirmar su posición, dar información y tal vez empeñarse en convencer a los otros de la rectitud de su posición. Por tanto, para que el conflicto se manifieste y sea resuelto, es preciso que cada una de las partes esté dispuesta a escuchar, a abrirse y a ser receptiva a los puntos de vista de la otra. La receptividad no niega la capacidad de estar en desacuerdo con una persona ni de adoptar una postura firme. En el modo asertivo-receptivo, la solución del conflicto se produce porque ambas partes desean tomar una posición, al tiempo que están dispuestas a escucharse la una a la otra. Aunque las cosas sigan duras y difíciles, y a pesar de que haya intensas discusiones, mientras ambas partes sigan aclarando sus respectivas posiciones y traten de comprenderse la una a la otra, existe la probabilidad de encontrar un denominador común y de alcanzar un objetivo mutuo. La realidad es que los conflictos entre sindicato y dirección terminan resolviéndose, en la mayor parte de los casos, sin huelgas y sin ataques perjudiciales. Eso también es ver-

dad en el caso de las relaciones interpersonales. Maridos y mujeres pueden discutir y pelear bastante, pero acaban encontrando la forma de educar a los hijos y resolver sus problemas diarios, y dedican la mayor parte de su tiempo a esfuerzos cooperativos. Los gestores y sus subordinados y colegas, al igual que los departamentos concurrentes, entran frecuentemente en discusiones y pueden tener metas y objetivos diferentes a corto plazo. Las organizaciones que funcionan bien encuentran medios para resolver los conflictos y realizan cursos activos que son del mayor interés para la organización y para sus miembros»[2].

## Estilos para la resolución de conflictos

La forma en que las partes actúan durante el conflicto depende de varios factores, tales como:

* ¿Qué importancia dan a sus objetivos y necesidades?
* ¿Hasta qué punto están decididas a actuar asertivamente?
* ¿Qué importancia da cada una de las partes a su relación con la otra parte?
* ¿Hasta qué punto están decididas a actuar receptivamente?

En razón de estos dos argumentos (asertividad y receptividad), el cuadro siguiente ilustra cinco estilos de cómo resolver el conflicto:

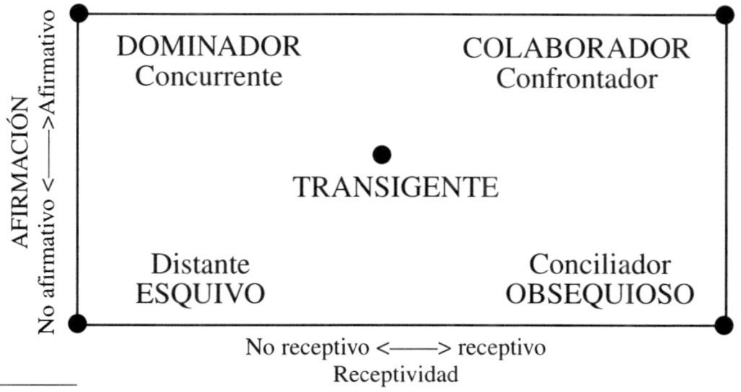


2. *Ibid.*, 104.

1. El estilo *dominador* es alto en asertividad y bajo en receptividad. Estas personas manifiestan sus puntos de vista con un costo potencial para los demás, frecuentemente en competencia abierta o en una actitud de «todo o nada». La dominación se da cuando una parte vence por el hecho de tener mayor poder.

La forma tradicional para la solución del conflicto es a través de la autoridad más alta. Por ejemplo, si no es posible obtener un acuerdo entre los departamentos de ventas y de producción, el jefe de ambos entra en escena para tratar de resolver el conflicto. En los colegios, cuando dos profesores no logran resolver sus diferencias, se lleva el asunto al director para que decida. La solución del conflicto a través del recurso de la autoridad más alta tal vez funcione de modo más rápido y directo. Algunas veces es la única salida para disputas excesivamente amargas.

En las organizaciones, lo normal es que las personas reconozcan y acepten la autoridad de los gestores más altos para resolver los conflictos. No siempre están de acuerdo con la decisión, pero aprenden a convivir con ella. Sin embargo, como la decisión es impuesta, el compromiso de cumplirla puede ser bajo. La dominación (o fuerza) se utiliza:

* en emergencias;
* cuando la compañía necesita seguir un rumbo de acción impopular;
* cuando ambas partes están tan en contra que no es posible ningún otro modo de abordar el conflicto.

El verdadero problema de la dominación es que puede provocar amargura y hostilidad en la parte perdedora. También condiciona a las dos partes a volverse sumisas o dependientes de la autoridad para la solución de sus malentendidos.

2. El estilo *obsequioso* (o *conciliador*), bajo en asertividad y alto en receptividad, es el opuesto al estilo dominador. Los obsequiosos tratan de resolver las disputas sin que cada parte fuerce la presentación de sus puntos de vista.

Cuando las partes tienen una fuerte aversión al conflicto abierto, los líderes frecuentemente emplean el estilo obsequioso-conciliador, poniendo mayor énfasis en las áreas de acuerdo y menos en las áreas en que existen diferencias. Tratan de limitar la discusión sólo a las cuestiones sobre las que las partes logran estar de acuerdo. Toda la conversación tiende a ser sobre cuestiones positivas. La realidad es que las partes ignoran el conflicto, tratando de esconderlo bajo la alfombra.

En el conflicto interpersonal o intergrupal el estilo conciliador tiene su utilidad. Por ejemplo, cuando mantenemos la armonía, la otra parte se vuelve receptiva en cuestiones importantes.

3. El estilo *esquivo* (o *distante*) registra baja asertividad y baja receptividad. Estas personas tratan siempre de evitar el conflicto. En los conflictos entre grupos, las partes se evitan unas a otras por completo o, si los encuentros son necesarios, se entregan a los elogios y amabilidades, o a la evasión para no tener que enfrentar el problema.

A primera vista, el estilo esquivo parece no tener valor alguno para enfrentar conflictos. La persona esquiva parece mostrar indiferencia o total desvinculación respecto de la situación de conflicto. La huida de los conflictos potenciales o reales puede ser útil para:

* un período de enfriamiento;
* retrasar los asuntos hasta momentos más oportunos;
* no entrar en disputas sobre cuestiones importantes, cuando parece haber poca posibilidad de victoria;
* situaciones oscuras por el peligro potencial de la confrontación.

Sin embargo, el estilo esquivo es una estrategia ineficaz para obtener soluciones a largo plazo en cuestiones más serias. Este estilo puede estar indicando el fracaso en atacar cuestiones importantes, y la tendencia a callarse cuando es preciso asumir una postura. El de esquivar es un medio de minar la relación, llevando al distanciamiento frío. El distanciamiento se convierte con frecuencia en un continuo alejamiento de las oportunidades de la vida.

4. *La transigencia* se encuentra a mitad de camino entre la asertividad y la receptividad, y busca soluciones que satisfagan a ambas partes.

Este proceso de «toma y daca» trata de buscar soluciones mutuamente aceptables que satisfagan parcialmente a ambas partes.

La palabra «transigencia» sugiere debilidad y falta de compromiso con una postura. Mucha gente considera transigentes a las personas que ponen la rapidez por encima de los principios, o que buscan soluciones a corto plazo en detrimento de los objetivos a largo plazo. Mientras los puntos de acuerdo merezcan la pena, la transigencia tiene un valor potencial en la solución de los conflictos.

Las organizaciones usan frecuentemente la transigencia como estrategia para la solución de conflictos, particularmente cuando la continuación del conflicto es más costosa que el acuerdo parcial. Consideremos, por ejemplo, las negociaciones que se dan entre los sindicatos y la dirección de la empresa. Una decisión de compromiso o transigencia no produce necesariamente ni un triunfador claro ni un claro perdedor. En determinadas circunstancias, la transigencia puede ser la única manera práctica de resolver una situación de conflicto, cuando las dos partes que trabajan en busca de una solución son potentes.

No obstante, la gran debilidad de la transigencia está en el hecho de que, una vez iniciada como proceso, impide la búsqueda de soluciones más satisfactorias. La negociación, como técnica de solución de conflicto, consume mucho tiempo y suele producir resultados de segunda categoría. En la transigencia, el objetivo es encontrar un acuerdo que ponga fin al conflicto, aunque no sea la mejor solución. La negociación funciona bajo la suposición de que no existe una respuesta «correcta».

5. El estilo *colaborador* funciona con alta asertividad y alta receptividad. En la colaboración, las partes se enfrentan mutuamente en busca de una solución que satisfaga plenamente los intereses de ambas.

La confrontación da el primer paso en el camino de las soluciones constructivas. Implica:

* el intercambio de los hechos y sentimientos importantes;
* admitir abiertamente las diferencias;
* clarificar las cuestiones, las necesidades de las partes en oposición y sus sentimientos del momento.

## Consideraciones conclusivas

Dos tipos de comportamiento ofrecen la clave para la verdadera confrontación:

1. Expresar la propia posición (ASERTIVIDAD) con la mayor claridad posible.
2. Escuchar plenamente el punto de vista de la otra parte (RECEPTIVIDAD).

La combinación de estos dos comportamientos permite comenzar la discusión directa para la solución del problema y considera toda la gama de alternativas posibles para buscar un resultado mutuamente benéfico.

# 17
# Conflictos intergrupales

Ninguna organización está libre de conflictos. Aunque los líderes tengan la suficiente habilidad para resolver todos los conflictos de hoy, mañana surgirán otros. Nadie puede prevenirlos. Sólo podemos ayudar a determinar lo que sucede por causa de ellos.

El conflicto entre los grupos, inherente a la naturaleza de las complejas organizaciones actuales, exige la presencia de líderes capaces de solucionar las divergencias antes de que sus consecuencias afecten al rendimiento personal y organizacional.

Los líderes necesitan reconocer la dinámica social que se produce entre los grupos y adoptar estrategias cuyo resultado sea la colaboración efectiva.

Es frecuente que el líder tenga que prestar atención a los conflictos entre grupos, particularmente en las grandes y complejas organizaciones modernas. Una manera de hacerlo consiste en evaluar la tarea utilizando la estructura que vamos a describir (proyectada por Blake, Shephard y Mouton)[1].

Imagina que tu departamento tiene un conflicto con otro departamento sobre la adopción de un determinado curso de acción y del uso de recursos. Antes de considerar la estructura, deja que los miembros lean y respondan las siguientes preguntas. Eso te ayudará a analizar las actitudes de tu equipo con respecto a la colaboración intergrupal.

---

1.R. Blake, H. Shephard y J. Mouton, *Managing Inter-Group Conflict in Industry,* Gulf Oil Corporation, Houston, TX, 1964.

Cuando se trate de un asunto importante para ti, tu grupo:

a) ¿Luchará a muerte por ello?
b) ¿Considerará que el conflicto no lleva a ningún lado?
c) ¿Tratará de encontrar una solución aceptable para ambas partes?

Cuando el problema es moderadamente importante, tú:

a) ¿Te sentirás razonablemente satisfecho permitiendo que un tercero (un consultor, por ejemplo) tome la decisión?
b) ¿Evitarás comprometerte porque el asunto no es suficientemente importante?
c) ¿Negociarás con el otro grupo y establecerás un acuerdo?

Cuando se trate de un problema de escasa importancia, tu grupo:

a) ¿No se preocupará en exceso por él?
b) ¿Será indiferente?
c) ¿Preferirá relacionarse con el otro grupo?

CONFLICTO Y ACUERDO

PASIVO <——> ACTIVO

RIESGOS REDUCIDOS <——> RIESGOS MODERADOS <——> RIESGOS ELEVADOS

| El conflicto es inevitable, y el acuerdo imposible | El acuerdo es imposible, pero el conflicto puede ser evitado | Aunque existe el conflicto, el acuerdo es posible |
|---|---|---|
| 1 a<br>Lucha por el poder hasta las últimas consecuencias | 1 b<br>Distanciamiento | 1 c<br>Solución del problema |
| 2 a<br>Juicio hecho por un tercero | 2 b<br>Aislamiento | 2 c<br>Diferencia dividida (negociación, compromiso, etc.) |
| 3 a<br>Destino/azar | 3 b<br>Indiferencia o ignorancia | 3 c<br>Coexistencia pacífica, conciliación) |

Fuente: Blake, Shephard & Mouton

Los grupos adoptan uno de estos tres paquetes básicos de actitudes en relación al conflicto intergrupal:

1. El conflicto es inevitable, y el acuerdo es imposible.
2. El acuerdo es imposible, pero el conflicto puede ser evitado.
3. Aunque existe el conflicto, el acuerdo es posible.

Esas tres actitudes llevan a acciones previsibles, dependiendo de si los grupos consideran el conflicto importante o no. Cuando consideran que el problema tiene mucha o poca importancia, su comportamiento varía de pasivo a activo.

1. Cuando los grupos creen que «el conflicto es inevitable, y el acuerdo es imposible», probablemente dejarán que el azar decida el resultado, si los riesgos son pequeños. Si aumentan los riesgos, permitirán que una tercera parte intervenga para decidir. Cuando los riesgos son muy grandes, los grupos entran activamente en confrontaciones en toda regla.

   Las decisiones tomadas por una tercera parte muchas veces dan lugar a que haya vencedores y vencidos. Aunque éstos cedan, no por ello quedan convencidos ni modifican su postura. Inicialmente, dirigen sus sentimientos negativos contra esa tercera parte. Más tarde, pasan a culpar a su propio grupo, y la cosa termina en disidencias internas.

2. Cuando las actitudes del grupo van en el sentido de que «el acuerdo es imposible, pero el conflicto puede ser evitado», es probable que el grupo no mantenga contacto con el otro grupo. Esta actitud puede deberse a indiferencia o a ignorancia de la necesidad de interdependencia, aunque cada grupo esté duplicando los esfuerzos del otro. Puede deberse también a que los grupos hayan sufrido «pérdidas» en el pasado, y ahora asumen una postura defensiva. Esto es particularmente verdadero en el caso del distanciamiento, en el que el grupo se mantiene distanciado a propósito, evitando el riesgo de futuras derrotas.

3. Cuando la actitud es «aunque existe el conflicto, el acuerdo es posible», y los riesgos son pequeños, se produce una coexistencia pacífica. Los grupos no dan mucha

importancia a sus diferencias, se toleran mutuamente y evitan la discusión de las cuestiones que los dividen. Pero este tipo de coexistencia pacífica no lleva al tipo de colaboración que produce grandes realizaciones.

Cuando los riesgos son moderados, el modo preferido de resolver los malentendidos consiste en dividir las pérdidas entre ambas partes.

Si los riesgos son elevados, los grupos adoptan posturas de confrontación o de solución del problema. Esto, por lo general, da como resultado una colaboración de alta calidad, y es la manera más productiva de resolver los conflictos intergrupales. La intervención de una tercera parte generalmente produce este resultado, porque las terceras partes tienen la habilidad y el *insight* necesario para facilitar el proceso.

## Confrontación e intervención de un tercero

Según la descripción que hace Richard Walton[2], las intervenciones de terceros son susceptibles de resolver conflictos interpersonales e intergrupales, mejorando las comunicaciones entre las partes e iniciando el proceso de resolución de los problemas.

La confrontación —característica básica de esta técnica— se produce cuando las partes focalizan directamente el conflicto existente entre ellas. Estas intervenciones pretenden:

* lograr una mejor comprensión de los problemas;
* llegar a un diagnóstico común;
* descubrir alternativas para resolver el conflicto;
* centrarse en objetivos comunes.

Por lo general, la tercera parte intenta hacer interrupciones destinadas a abrir las comunicaciones, nivelar el poder y confrontar los problemas. La tercera parte se entrevista, antes de

---

2. R. WALTON, *Inter-Personal Peacemaking: Confrontation and Third Party Consultation,* Addison-Wesley, Reading, MA, 1969.

la reunión, con las principales personas implicadas, ayuda a desarrollar la agenda a tratar y actúa como mediadora durante la reunión. La tercera parte puede:

* escuchar y comprender, estimulando a las partes implicadas a escucharse mejor;
* señalar las diferencias y ampliar el abanico de alternativas;
* aclarar si los problemas tienen que ver con diferentes percepciones de los hechos, valores, objetivos y métodos;
* ayudar a identificar los factores del conflicto y facilitar los cambios en las relaciones;
* acoger las emociones, lo cual ayuda a las partes en conflicto a interpretar el impacto que los sentimientos negativos producen en sus percepciones;
* proporcionar *insight* de diagnóstico y actuar como fuente de experiencia y habilidad;
* no hacer valoraciones y sugerir procedimientos para resolver las diferencias.

## EJERCICIO:

### Confrontación entre grupos

Blake, Shephard y Mouton desarrollan una técnica para la confrontación entre grupos e intercambio de imagen[3].

Los miembros principales de los grupos en conflicto se reúnen durante uno o dos días para trabajar los problemas. Sus objetivos consisten en reducir los malentendidos, abrir las comunicaciones y desarrollar mecanismos para la colaboración.

Este ejercicio sirve para desactivar las rencillas existentes entre los grupos, antes de iniciar los trabajos. La confrontación entre los grupos y la reunión para el intercambio de imagen comprende los siguientes pasos:

3. *Op. cit.*

*Primer paso:* Los dos grupos trabajan por separado para hacer tres listas de intercambio de imagen:

a. ¿Cómo nos vemos (por ejemplo, el grupo A) a nosotros mismos?
b. ¿Cómo vemos al otro grupo (por ejemplo, al grupo B)?
c. ¿Cómo creemos que nos ve el otro grupo?

Ambos grupos preparan las tres listas en hojas distintas, y las fijan en un tablero o en la pared.

*Muestra de las listas de intercambio de imagen del grupo A*

| a. ¿Cómo nos vemos a nosotros mismos? | b. ¿Cómo vemos al grupo B? | c. ¿Cómo pensamos que nos ve el grupo B? |
|---|---|---|
| *Auto-imagen)* | *(Imagen del otro grupo)* | *(Evaluación de la imagen que el otro grupo tiene sobre el nuestro)* |
| 1. Útiles | 1. Inflexibles | 1. Agresivos |
| 2. Fiables | 2. Irrealistas | 2. No comunicativos |
| 3. Amistosos | 3. Temerosos | 3. Sin cohesión |
| 4. Agradables | 4. Desordenados | 4. Competitivos |
| 5. Participativos | 5. Convencidos | 5. Independientes |
| 6. Cooperativos | 6. Autocráticos | 6. Defensivos |
| 7. Productivos | 7. Huidizos | 7. Ingenuos |

*Segundo paso:* Los dos grupos se reúnen. El mediador o tercera parte explica las reglas básicas. El objetivo de esta reunión no es justificar, sino clarificar las percepciones. Solo esto ya representa una gran ayuda para que la colaboración sea más eficiente.

Un portavoz de cada uno de los grupos presenta su respectiva lista. Mientras el grupo A hace su presentación, el grupo B no puede discutir, refutar ni defenderse; sí puede pedir aclaraciones. Por ejemplo:

* «Por favor, explique qué quiere decir con "inflexible"».
* «¿Podría explicitar más por qué nos considera autocráticos?»

*Tercer paso:* Los grupos vuelven a reunirse por separado para discutir las discrepancias en las percepciones y reaccionar al *feedback,* el cual permite corregir las percepciones y el comportamiento.

*Cuarto paso:* Los grupos A y B se reúnen para diagnosticar los problemas mutuos y desarrollar soluciones que reduzcan el conflicto o resuelvan problemas. (Este punto lo trataremos detalladamente más adelante).

## EJERCICIO:
## Intercambio de problemas y comportamiento entre grupos

Este ejercicio es una variación del de intercambio de imagen entre los grupos.

En este caso, los grupos intercambian percepciones, no a partir de sus respectivas imágenes, sino a partir de los problemas y comportamientos entre ambos. El énfasis recae sobre el comportamiento («¿Qué es lo que hace el otro y que representa un problema para nosotros?»).

En el último paso, durante la reunión conjunta, ambos grupos intentan negociar cambios del comportamiento entre ellos. Por ejemplo: «Si vuestro grupo nos manda los informes el día 15 de cada mes, nosotros os enviaremos los resultados finales el día 30». En una atmósfera de negociación abierta, ambos grupos desarrollan planes para la cooperación.

### *Confrontación para la colaboración*

Aunque la confrontación para la colaboración encierra un gran potencial, es un proceso bastante difícil de utilizar. Son muchos los que temen que la exploración del conflicto pueda herir a las propias personas. Para no pocos, la confrontación exige cambios de comportamiento, contra los cuales puede darse una fuerte resistencia. Otros consideran que el proceso de confrontación y colaboración es excesivamente frágil, y que la fuerza necesaria sólo puede mantenerse a través del método de dominación.

La confrontación para la colaboración también requiere más tiempo que otras estrategias destinadas a resolver conflictos. En situaciones en que las personas necesitan adoptar decisiones rápidas, puede no haber tiempo para pasar por este proceso.

Pero la confrontación para la colaboración es más eficiente cuando las partes son interdependientes y desean seriamente resolver los problemas, no ejercer el poder sin más o mantener su prestigio. La confrontación es más útil para resolver los conflictos causados por diferencias de percepción o información. Los conflictos que se originan en malentendidos se prestan a un análisis profundo del proceso de solución de problemas y a una profunda comprensión de las ideas y puntos de vista de la parte contraria. En general, el proceso de confrontación y colaboración compromete fuertemente a poner en práctica la solución, considerando especialmente que las partes están bastante implicadas en su desarrollo.

## EJERCICIO:
### Resolución constructiva de los conflictos

Para resolver constructivamente los conflictos, las partes implicadas deben tener un claro conocimiento de los problemas y centrarse en lo que cada una necesita sacar de la situación. Los pasos indicados a continuación ayudan a llegar a puntos de acuerdo, sean cuales sean las diferencias. Aunque las partes sigan afrontando todavía serias diferencias, pueden aprender a convivir con ellas después de dar todos estos pasos.

Sigue los pasos secuencialmente. Las afirmaciones o preguntas que hay en cada paso te ayudarán en tus consideraciones, pero puedes omitirlas si no corresponden a tu situación concreta. Como experiencia de aprendizaje, tal vez quieras escoger una situación de conflicto que estés enfrentando y dar todos los pasos que señalamos.

*Primer paso: Define el problema conflictivo.* No tiene sentido aplicar una solución correcta a un problema equivocado, como tampoco lo tiene tratar de aplicar una solución equivocada a un problema correcto. Si no lográis poneros de acuerdo con respecto al problema conflictivo, menos podréis hacerlo con respecto a la solución.

a) Distingue entre los síntomas y los problemas.

He aquí las cuestiones a considerar:

* ¿Estamos tratando los síntomas o los verdaderos problemas?
* ¿Qué es lo que de hecho está mal? (Muchas veces el problema aparente no es el conflicto).
* ¿Se trata de un asunto aislado o es síntoma de un conflicto más profundo? (Relacionar el problema con las necesidades del grupo ayuda a identificar la cuestión).
* ¿Acaso estamos trayendo este problema a colación porque estamos perturbados por alguna otra cosa?
* ¿Estamos intentando tratar esto porque nos da mayor seguridad que afrontar el verdadero problema?

b) Descubre las expectativas.

* ¿Existe el conflicto porque no expresamos claramente las expectativas que tenemos en relación a los otros?
* ¿Estamos explorando la naturaleza de la situación, manipulando o escondiendo hechos para montar nuestra defensa?

c) Establece fronteras.

* ¿Qué estamos pretendiendo discutir?
* ¿En qué áreas preferimos no manifestarnos en este momento?

*Segundo paso: Discute las opciones.* La calidad de tu solución final depende del número de alternativas posibles que consideres.

a) Haz una lista de formas de remover los obstáculos del camino de la armonía.

b) Crea todas las opciones que puedas. Es el paso previo a las discusiones. Decide suspender el juicio, porque inhibe el descubrimiento de soluciones creativas.

*Tercer paso: Escoge una solución.* Escoge la mejor opción o la combinación de opciones que mejor satisfaga las necesidades mutuas.

a) Sopesa los pros y contras de cada opción. Pregúntate a ti mismo: «¿Qué opción tiene más probabilidades de desembocar en la consecuencia deseada? Piensa en los efectos que puede tener sobre otras personas, además de las directamente implicadas. Piensa también en las consecuencias a largo plazo.

b) Cuidado con los acuerdos fáciles. Da relieve también a los valores que veas en la parte discrepante o en las divergencias sinceras.

c) No te pongas a la defensiva. Mantente siempre abierto a las ideas y sugerencias de los otros.

d) Recuerda dos aspectos especiales de la solución efectiva del conflicto:

+ Calidad: ¿Satisface real y adecuadamente las necesidades y logra nuestros objetivos esta opción? (Una buena solución no puede ser una componenda que afecte a cuestiones esenciales).
+ Aceptación: ¿Es aceptable para todos los que deben llevarla a cabo? Si la solución no es aceptable, no se comprometerán de verdad a llevarla a cabo.

*Cuarto paso: Plan y realización.* Elabora un plan de acción y ponlo en práctica.

a) Las reuniones para la solución de conflictos exigen algo más que ideas y personas. Requieren además un plan de acción.

b) Debe haber acuerdo mutuo sobre quién va a hacer cada cosa.

c) Pon en práctica el plan. (Los planes no puestos en práctica se quedan en meros deseos piadosos. Poner por escrito los planes no hace que las cosas marchen o cambien).

*Quinto paso: Evalúa y verifica.* Evalúa el proceso y haz una verificación periódica de los resultados.

a) Cuando tengas elaborado el plan de acción y estés dispuesto a ponerlo en práctica, reflexiona sobre el proceso y considera el grado de satisfacción mutua que aporta. Actuar de manera conciliadora puede ser útil para los esfuerzos futuros de resolución del conflicto.

b) Diseña un sistema de evaluación o verificación periódica en el mismo plan de acción. En ocasiones puede ser necesario elaborar planes de emergencia. Recuerda que la calidad del resultado es el árbitro final de la estrategia de resolución del conflicto.

En el capítulo siguiente trataremos más detalladamente todos estos pasos y las técnicas de liderazgo con ellos relacionadas.

## *Crear el clima*

Para crear las condiciones necesarias para la colaboración, las partes implicadas necesitan transformar sus actitudes de dominación y rivalidad en actitudes de colaboración.

Las actitudes y puntos de vista de las partes que están en conflicto abierto se presentan así, aunque no se empleen exactamente estas mismas palabras:

> «Mi posición es correcta y es muy importante para mí. Reconozco que mi punto de vista es opuesto al de la otra parte. Pero no veo cómo podría aceptar cualquier otra solución que no sea la mía. Tengo la certeza de que sólo encontraremos remedio al presente conflicto si se acepta mi solución. No veo especial valor en lo que piensa la otra parte. No entiende bien las cosas y distorsiona los hechos. A menos que ambos veamos las cosas del mismo modo —o sea, a mi manera—, no hay esperanza de resolver

nuestras diferencias, y el problema seguirá como está. Además, no confío para nada en lo que dice la otra parte».

Cuando ambas partes piensan de este modo, aunque sea inconscientemente, el conflicto se reduce a una situación de victoria o derrota, o se transforma en un *impasse* que en realidad es derrota para las dos partes. En el conflicto abierto, los verdaderos problemas quedan tapados por las emociones exacerbadas. En vez de centrarse en *qué* es mejor, se centran en *quién* es el mejor. A menos que el clima de competición se transforme en clima de colaboración, la tentativa de resolver el conflicto sólo servirá para gastar energías, y no habrá progreso alguno.

La actitud competitiva sitúa el foco mental en el lado que cada parte asume en la disputa. La actitud de colaboración es un estado de espíritu en el que los individuos o grupos desarrollan serios esfuerzos para mirar de manera objetiva hacia ambos lados del problema.

Allan C. Filley[4] describe las actitudes y creencias que promueven la resolución de los conflictos mediante la colaboración:

1. Creer en la disponibilidad y desear una solución mutuamente aceptable.
2. Creer en la cooperación, no en la competición.
3. Certeza de que todos tienen el mismo valor.
4. Dar crédito a los puntos de vista de los otros como legítimas declaraciones de su posición.
5. Creer que las diferencias de opinión son útiles.
6. Creer en la fiabilidad de los otros miembros.

Cambiar de actitud resulta difícil, pero es posible. Mucha gente actúa respecto de su cambio de actitud lo mismo que hacemos al comprobar la temperatura del agua con la punta de los pies antes de sumergirnos en la piscina. Quienes están en conflicto pueden actuar cooperativamente, y muchas veces lo hacen, cuando sienten que es posible y más ventajoso colaborar que competir.

---

4. A.C. FILLEY, *Inter-Personal Conflict Resolution,* Scott, Foresman and Company, Glenview, ILL, 1975.

Cuando ambas partes aceptan actitudes que promueven la colaboración, el efecto compensa a ambas por igual. La solución de los conflictos interpersonales e intergrupales nunca puede ser considerada fácil. Las personas destruyen sus relaciones porque no saben cómo tratar sus diferencias mutuas. Ignorarlas es resignarse a una relación superficial. Luchar por causa de las diferencias, usando estilos perjudiciales o inadecuados, produce inevitables dolores de cabeza y hace que los problemas aumenten en proporciones incontrolables.

Sin embargo, cuando los individuos y grupos afrontan sus dificultades con sinceridad, los conflictos pueden funcionar como impulso para el crecimiento y como energía creativa. Ayudan a que los individuos se conozcan mejor y sean más coherentes. Al usar el proceso de resolución constructiva de los conflictos, «la verdad y el ser» de cada parte se confronta con «la verdad y el ser» de la otra. Como resultado, cada parte trata a la otra con respeto, la comprende en profundidad y, después de liberarse del conflicto, ambas experimentan un sentimiento de profunda armonía.

Las personas pueden optar por el empleo de medios destructivos para resolver sus conflictos, o por vivir constructivamente la nueva vida que los conflictos convocan a vivir. Alguien dijo que los conflictos son gracias. Y tal vez lo sean... Si los consideramos como gracias que se nos dan para nuestro crecimiento, ¡bien agradecidos podemos estar a Dios por permitir que sean tantos los conflictos existentes entre tantas buenas gentes...!

## EJERCICIO:
## Afrontando el conflicto

Ahora que has pensado bastante en los conflictos y en cómo afrontarlos, dedica un tiempo a pensar en ti mismo y en tu organización. Aquí tienes algunas preguntas que pueden serte útiles:

1. Recuerda cinco grandes conflictos de tu pasado. Haz una lista de ellos. Las siguientes preguntas te ayudarán a

reflexionar acerca de los sentimientos que tuviste y sobre las estrategias que usaste para resolverlos.

2. ¿Qué sentiste en esos conflictos? Haz un círculo alrededor de tus respuestas. Puedes escoger varias.
   a) ¿Te pareció que eran una ruindad? ¿Perjudiciales? ¿Malsanos? ¿Algo natural y esperado? ¿Castigo?
   b) ¿Te sentiste ansioso? ¿Preocupado? ¿Desafiado? ¿Nervioso? ¿A gusto? ¿Deseabas que desapareciesen? ¿Los aceptabas? ¿Dependía? ¿De qué?
   c) ¿Por qué te parece que sientes lo que sientes?

3. ¿Al descubrir tu propio estilo de actuar en situaciones de conflicto, ¿cuál es tu tendencia para resolverlos?
   a) ¿Cuál de los cinco estilos tiendes a usar preferentemente? Escoge uno: dominar - acomodar - evitar - negociar - colaborar.
   b) Pregúntate a ti mismo: ¿Por qué empleo este estilo?

   c) ¿Cuál es el estilo que utilizas menos?

   d) ¿Sueles practicar un solo estilo, aunque no sea el apropiado para la situación?
   e) ¿Qué otros estilos de afrontar los conflictos te gustaría desarrollar?

   ¿Por qué?

4. ¿Cómo caracterizarías el clima de tu grupo u organización para afrontar el conflicto?

   a) ¿Cuáles son los estilos que usa generalmente tu grupo?

   ______________________________________________

   ______________________________

   b) ¿Algunas personas (o el grupo como un todo) se evitan mutuamente, cuando deberían trabajar juntas? ¿Por qué?

   ______________________________________________

   ______________________________

   c) ¿Se pone el énfasis en que la relación sea suave o en actuar como una gran familia feliz?

   ______________________________________________

   ______________________________

   d) ¿Se dan en tu grupo muchas luchas por el poder?

   ______________________________________________

   ______________________________

   e) ¿Te encuentras frecuentemente en la posición de mediador? ¿Por qué?

   ______________________________________________

   ______________________________

   f) ¿Insistes en el uso de la negociación como un buen método de solucionar disputas?

   g) ¿Tú y tu grupo frecuentemente / a veces / nunca (escoge una de las tres) discutís cómo afrontar las discusiones y los conflictos?

5. Ahora que has reflexionado sobre la manera como tú mismo y tu grupo afrontáis los conflictos, ¿qué te gustaría hacer para manejarlos de manera diferente en el futuro?

   ______________________________________________

   ______________________________________________

   ______________________________

# 18
# Solución de problemas y toma de decisiones

La solución de problemas es la respuesta a los conflictos. Por lo general, los conflictos tienden a ser de naturaleza destructiva y a desembocar en pérdida para las partes implicadas. Por el contrario, la solución de los problemas produce la atención satisfactoria de sus necesidades.

La solución de problemas y la toma de decisiones, dos importantes actividades del liderazgo, son contribuciones vitales para la conquista de las metas y objetivos de la organización. Todos los líderes y sus grupos se encuentran implicados en procesos de resolución de problemas sobre:

* políticas,
* organización,
* aspectos técnicos,
* asuntos interpersonales.

Los problemas son siempre muy semejantes. Prestando una cuidadosa atención a la metodología de la solución de problemas para mantener las relaciones interpersonales, las organizaciones pueden evitar accidentes del camino.

Los líderes y sus grupos están tomando decisiones constantemente: decisiones pequeñas y grandes, decisiones fáciles y difíciles, decisiones acertadas y equivocadas; pero siempre decisiones, decisiones, decisiones.

Todos los miembros pueden ejercer un influjo significativo sobre esta pauta de relación en el constante proceso de toma de decisiones. Por increíble que pueda parecer, el impacto de un pequeño influjo se muestra de modo significativo a través de:

* una pequeña información,
* una objeción cuidadosamente expuesta,
* una expresión de sentimientos (como admiración, desconsideración, aprobación u hostilidad).

¿Has pensado alguna vez por qué muchas personas que ocupan posiciones de liderazgo tienen dificultad para resolver problemas y para tomar decisiones? ¿Por qué son tan pocos los que adoptan modos de proceder sanos en el análisis de los problemas? Los líderes tienen muchas cosas a las que culpar. Por ejemplo:

* Insuficiencia de tiempo.
* Falta de información.
* Necesidad de tomar decisiones rápidas, que les obligan a tener que andar adivinando...

¿Cómo llegan a tomar sus decisiones?

* Se apresuran a votar, sólo para diferir las decisiones, o dejar de lado su puesta en práctica.
* Nombran comisiones.
* Buscan un salvador (el líder máximo) que pueda salvarlos de la tensión de tener que decidir.
* Se dedican a discutir puntos de menor importancia.
* Se sienten paralizados cuando afrontan una decisión.

### Diversos comportamientos en la toma de decisiones

1. *Los diferidores*: simplemente, no toman decisiones (o no tienen habilidad para ello). Dicen: «Vamos a pensarlo un poco más». El resultado es que:

    * Hunden la moral del grupo.
    * Desperdician tiempo y recursos.
    * Sufren una elevada rotación de empleados.
    * Pierden la producción que no se realizó o tienen que cargar con trabajos mal hechos.

2. *Los vacilantes, que van y vienen:* desperdician recursos con proyectos que activan y desactivan de un día para otro. Sus subordinados viven haciendo, deshaciendo y rehaciendo.

3. *Los que se suben al castillo:* no les gusta correr riesgos ni tomar decisiones.

4. *Los impulsivos:* les gusta la velocidad. No prestan atención a los hechos, a los sentimientos ni a las finanzas.

5. *Los profesores:* quieren tener acceso a todos los hechos antes de decidir.

6. *Los «fumadores de pipa»*: les gusta pensar sobre los problemas de manera relajada, prefieren no hacer nada, porque piensan que la mayoría de los problemas terminan resolviéndose por sí solos.

Existen otras variedades interesantes, como los «Elefantes en la cacharrería», los Operadores-Manipuladores, los Tímidos, los Agobiados... Sea cual sea la variedad, su estilo de liderazgo (¡o su falta de estilo!) desemboca en la pérdida del respeto de sus empleados y en el debilitamiento de sus posibilidades de liderazgo.

Este comportamiento lleva inevitablemente a errores o bloquea el análisis de los problemas y la toma de decisiones. El liderazgo exige abordar las cosas sistemáticamente, de forma adaptada a las exigencias de la gestión moderna. Es lo que vamos a presentar en este capítulo.

## Definición de términos

Antes de examinar el proceso de técnicas de liderazgo para la solución de problemas y toma de decisiones, tal vez sea útil definir algunos términos.

### *¿Qué es un problema?*

Un problema es cualquier materia o cuestión que comporte inseguridad, duda o dificultad. Puede tratarse también de una pregunta que requiere debate y solución. Son muchas las personas que consideran los problemas en el marco de las cosas negativas y los juzgan como desviaciones de las pautas a seguir (o sea, como algo que debe ser corregido). Pero, aunque los problemas puedan tener algo de ello, también tienen sus aspectos positivos. No pocas veces son oportunidades para mejorar las situaciones, cambiar a mejor las condiciones o corregir deficiencias.

### *¿Qué es la solución de problemas y la toma de decisiones?*

«Solución de problemas» es una expresión genérica, empleada para definir el proceso de analizar las situaciones y hallar soluciones aceptables, incluyendo su implementación y evaluación. Con frecuencia, los líderes usan la expresión «Solución de problemas» como equivalente a «Toma de decisiones», y viceversa. Pero la toma de decisiones es una parte del proceso de solución de problemas: la parte que trata de seleccionar el mejor camino entre dos o más opciones. A grandes rasgos, toma de decisiones es el proceso en el que una persona se decide.

### *¿Cuáles son los diferentes tipos de toma de decisiones?*

Vamos a tratar de explicar las distintas maneras de tomar decisiones a que suelen recurrir los líderes o los grupos:

1. *Decisiones tomadas por un solo individuo*: son las que se producen cuando un individuo de un grupo determina el curso de la acción. Puede ser un antiguo líder, un líder informal emergente, un especialista o consultor... Este estilo es apropiado para la toma de decisiones:

   * en situaciones de emergencia;
   * cuando no hay tiempo para discutir el asunto;
   * cuando sólo hay una persona en el grupo con la necesaria competencia para tomar esa decisión.

Estas decisiones son menos deseables cuando no se cuestiona para nada a la persona que toma la decisión, debido a su poder en la organización, a su carisma personal o a otros factores. Tales decisiones suelen hacer que los trabajadores no sientan interés en contribuir en la medida de sus capacidades.

2. *Decisiones minoritarias* son aquellas que unos pocos toman por todo un grupo en el que están en minoría. Como los miembros se mantienen en silencio, unos cuantos que tienen capacidad de influjo convencen a los demás, que acaban creyendo que la minoría representa realmente a la mayoría. A menos que la minoría sea la única parte del grupo capacitada para hacer aportaciones, este método no produce decisiones especialmente acertadas, las cuales pueden adolecer de falta de apoyo por parte de quienes no han participado en ellas.

3. *Las decisiones mayoritarias* se han convertido en uno de los mecanismos más populares de las decisiones en grupo. Producen resultados favorables cuando la discusión conduce a la participación generalizada de los miembros y a un profundo examen de las cuestiones y hechos de que se trata. El gran peligro, sin embargo, reside en el hecho de que, después del voto, los derrotados pueden convertirse en opositores, y los vencedores pueden convencerse a sí mismos de que están en lo cierto en todos los puntos de la cuestión.

4. *La decisión por consenso* comprende la participación total de los miembros hasta que todos se comprometen en una única decisión. No significa que todos estén plenamente de acuerdo con la decisión, sino que la aceptan y que harán la parte que a ellos les toca. La decisión por consenso logra que todos los miembros utilicen todos sus recursos. El consenso sólo se da cuando los miembros expresan libremente sus opiniones y trabajan juntos en busca de la decisión que cuente con la aprobación del grupo como un todo. Evitan las técnicas de reducción de conflictos, como la votación y la negociación, de manera que sus decisiones se basen en los hechos y en la discusión abierta. (Más adelante discutiremos el proceso de llegar al consenso).

5. *Decisión por unanimidad* es la que se da cuando cada uno de los miembros del grupo está totalmente de acuerdo con la decisión y apoya la acción a seguir.

EN RESUMEN, UNA SUGERENCIA PARA LOS LÍDERES

La implicación de las personas en el proceso de toma de decisiones garantiza que estarán más dispuestas a comprometerse con aquella decisión que si un individuo o un grupo pequeño tomase la decisión en su nombre. Ascender por la escala de los procesos de toma de decisiones (de la individual hacia la unánime) aumenta el grado de compromiso, aunque también aumenta la dificultad de llegar a un acuerdo.

*Escala de la toma de decisiones*

| Dominio individual | Influencia de la minoría | Democracia de la mayoría | Consenso. Visión unánime |
|---|---|---|---|

La adecuación de cualquier estilo de liderazgo a la toma de decisiones depende de los factores que definan la naturaleza de la tarea y la situación. En este capítulo nos interesan sobre todo los procesos de toma de decisión en grupo, y particularmente la calidad y aceptación de las decisiones del liderazgo.

## Calidad y aceptación de las decisiones

Los líderes implicados en la toma de decisiones deben afrontar frecuentemente las consecuencias de sus acciones. El *feedback* ayuda en esos momentos: analizando las decisiones pasadas, los líderes pueden descubrir si fueron eficientes y si llegaron con mayor eficacia a los objetivos deseados (en términos de dinero, tiempo y esfuerzos), y si lograron la mayor cantidad posible de subproductos valiosos.

Un análisis más profundo mostró que en la mayor parte de los problemas la calidad de las decisiones era lo más importante. (Sin embargo, en los problemas que afectan a personas, la aceptación de las decisiones por los que tenían que ejecutarlas se convirtió en algo tan importante, e incluso más, que la misma calidad de las decisiones).

La calidad de las decisiones es el resultado de la buena utilización de la inteligencia y de los conocimientos, al igual que del análisis de los problemas. Como probablemente fueron adiestrados para ello, los líderes tienden a tomar decisiones en lugar de sus subordinados. Los subordinados, por su parte, aceptan esas decisiones cuando el líder utiliza uno de los siguientes métodos tradicionales:

1. *El método dictatorial,* que impone las decisiones a los trabajadores que deben ejecutarlas. Los líderes logran motivarlos mediante el miedo.
2. *La apelación a la profesionalidad,* que se da cuando los líderes hablan del sentido del deber, de la lealtad y de la confianza de los trabajadores.
3. *El método de venta,* que les convence mediante la explicación de los valores incluidos en la decisión y de las ventajas que aportará a los subordinados.
4. *El método de consulta* a los subordinados antes de tomar una decisión. Los líderes dejan claro que se reservan la decisión final.

Esta lista muestra una evolución del proceso de toma de decisión, desde el autoritarismo estricto hasta el liderazgo consultivo. Pero la calidad de la decisión sigue en manos del líder. Los líderes trabajan con el supuesto de que las decisiones son responsabilidad suya, y que son ellos quienes deben tomarlas. La aceptación de las decisiones por los empleados se mantiene lejos del ideal. Cuando las decisiones no dan resultado, generalmente se atribuye la culpa a los líderes y a su evaluación de los hechos. Con todo, si no se tuvieron en cuenta los sentimientos y actitudes, por no haber dado al trabajador el derecho de manifestar sus opiniones, la falla podría atribuirse a la insatisfacción resultante y a la caída de la moral.

En su intento por estar seguros de la aceptación de sus subordinados, los líderes corren el riesgo de perder en calidad. Esto ayuda a explicar la gran preocupación de los líderes cuando los empleados reclaman el control del proceso de la toma de decisiones. Como los líderes son responsables de las decisiones que se toman, generalmente se reservan el derecho al veto. Y esta salvaguarda destruye el valor de la solución de los problemas en grupo, produciendo subordinados borreguiles, en lugar de personas con ideas innovadoras.

Si los líderes emplean los métodos tradicionales de toma de decisiones, su éxito depende no sólo de su capacidad de tomar decisiones de alta calidad, sino también de su capacidad de convencer a los trabajadores para que las acepten.

Los programas de adiestramiento proyectados con la finalidad de mejorar la habilidad de los líderes como personas que tradicionalmente deciden, están orientados al estudio de la teoría de las decisiones o al aprendizaje de la motivación y la persuasión, o a ambas cosas. Por el contrario, para usar el enfoque de solución de los problemas y toma de decisiones en grupo, los líderes necesitan aprender otras técnicas bien distintas, como son la habilidad de implicar a los demás en la solución cooperativa de los problemas y toma de decisiones. Con este enfoque, un problema sobre cambios en los procesos de trabajo, por ejemplo, podría desembocar en el hallazgo de un plan superior tanto al antiguo método como al que el líder pudiera proponer.

Cuando son los líderes quienes toman las decisiones, estas posibilidades quedan excluidas. Además, las soluciones tomadas por el grupo reciben la mayor aceptación de los trabajadores. La calidad de esas decisiones depende no sólo de la capacidad de pensar que tengan los participantes, sino también de la habilidad de los líderes para facilitar el proceso de la toma de decisiones. Sólo el enfoque grupal puede garantizar una total comprensión y aceptación.

## Toma de decisiones en grupo/individual

Los métodos tradicionales generalmente son rápidos en el proceso de toma de decisiones, pero exigen bastante tiempo para su comunicación y para obtener su aceptación. En contraste, las decisiones tomadas en grupo exigen bastante tiempo para el proceso de la toma de la decisión, pero poco o nada para su comprensión y aceptación. La siguiente tabla muestra dicho contraste:

| *Fuente de decisión* | *Tiempo para tomar una decisión* | *Tiempo para obtener el total entendimiento de los subordinados* | *Tiempo para obtener la aceptación de los subordinados* |
|---|---|---|---|
| Líder-gerente | 3 min. | 30 min. | 30 min. |
| El grupo | 30 min. | 0 min. | 0 min. |

## RECUERDA SIEMPRE LO SIGUIENTE

(Presentamos a continuación un resumen de lo dicho en este y en los capítulos anteriores sobre la toma de decisiones y la solución de los problemas).

Que sean los individuos y no los grupos los que tomen las decisiones más apropiadas depende de las siguientes condiciones:

* la premura de tiempo;
* el tipo de decisión;
* el área de responsabilidad.

Los grupos suelen tomar las decisiones más apropiadas cuando:

* son necesarios diversos puntos de vista;
* la decisión afecta directamente al grupo;
* es el mismo grupo quien debe ejecutar la decisión;
* el grupo sabe trabajar eficazmente como tal;
* sus miembros comparten las funciones de liderazgo;
* usan los procesos apropiados de toma de decisiones.

Éstos son los factores específicos que sirven para que el proceso de toma de decisiones en grupo sea más fácil:

* una clara definición del problema;
* una clara comprensión del tipo y grado de responsabilidad que cada cual tiene en la decisión;
* unos medios eficientes de producir y comunicar ideas;
* un tamaño del grupo que sea apto para la toma de decisiones;

* unos medios eficaces para probar las soluciones alternativas;
* un compromiso de los líderes con relación al proceso de toma de decisiones por el grupo;
* un acuerdo sobre los procesos de toma de decisiones, antes de la deliberación sobre el tema a tratar.

1. *Ventajas de la solución de problemas y toma de decisiones sin usar los recursos de los subordinados:*

   * los líderes tienen el control total.
   * la responsabilidad está más definida;
   * se mantiene la distancia respecto a los subordinados;
   * algunas (no todas) las decisiones serán de alta calidad, debido a la especialización de quien las toma.
   * la decisión será coherente con la política de la organización;
   * se logra que cuestiones irrelevantes no se mezclen en la discusión.

   *Desventajas:*

   * se requiere más tiempo para lograr la comprensión y la aceptación de los subordinados;
   * puede surgir resentimiento o sentimiento de injusticia entre los subordinados;
   * como el conocimiento es limitado, aparecen soluciones menos innovadoras y pueden surgir consecuencias negativas.

2. *Ventajas del enfoque grupal para la solución de problemas y toma de decisiones.*

   * en general, garantiza la comprensión y aceptación de la decisión en menos tiempo;
   * mejora la comunicación con los subordinados;
   * los subordinados hablan más abierta y sinceramente de sus necesidades;
   * mayor diversidad de ideas, que aumenta la probabilidad de soluciones creativas o de alta calidad;
   * mejora la motivación de los subordinados y su compromiso de ejecutar las decisiones;

* probablemente los subordinados querrán relacionarse con el líder para consultarle problemas, presentarle ideas, como resultado de haber mejorado el ambiente.

*Desventajas*

* exige que los líderes y los subordinados aprendan las técnicas;
* uso ineficiente del tiempo, en caso de emergencia;
* las responsabilidades se fijan con menor claridad;
* limitada a tipos específicos de problemas: aquellos en los que los participantes tienen los conocimientos necesarios e interés por la solución;
* algunos subordinados consideran que los líderes son «permisivos» o «indecisos».

Algunas veces las personas menosprecian la solución de problemas y el proceso de toma de decisiones en grupo diciendo que:

* huye de la acción propia de un liderazgo responsable;
* es un proceso de origen revolucionario;
* desemboca en confusión y falta de dirección.

Otras personas critican el método porque hace que nadie se sienta responsable de las decisiones tomadas por los grupos.

¿Son verdaderas estas afirmaciones o están basadas en malentendidos y falta de información? Lo cierto es que el proceso de toma de decisiones en grupo presenta una serie de ventajas (que ya hemos mostrado).

Al revisar los puntos positivos que tienen los esfuerzos de grupos o equipos por solucionar problemas y tomar decisiones, las investigaciones muestran que:

1. La toma de decisiones en equipo generalmente aporta mayor variedad de hechos y conocimientos que el proceso individual. Al considerar los problemas, los individuos que trabajan en equipo tienden a complementar sus mutuos conocimientos.
2. La interacción del equipo tiende a dar como resultado una mayor consideración de alternativas antes de lle-

gar a la toma de decisiones. La naturaleza de los grupos y de sus miembros generalmente desemboca en una perspectiva más amplia para el análisis y la acción.

3. Las recomendaciones hechas a través del proceso de solución de problemas y toma de decisiones en grupo tienen un nivel más elevado de precisión que las de la mayor parte de las soluciones y recomendaciones individuales. Los miembros del equipo tienden a corregir las falsas suposiciones e imprecisiones existentes en el pensamiento de los miembros individuales.
4. Los individuos que participan en el proceso de solución de problemas y toma de decisiones en grupo tienen mayor facilidad para aceptar una decisión y se sienten más responsables a la hora de ponerla en práctica. Las personas apoyan lo que ayudaron a crear. Si los miembros hablan favorablemente a otras personas sobre las decisiones del grupo, los que no participaron en ellas tienden a demostrar actitudes favorables sobre esas decisiones.
5. El proceso de toma de decisiones en grupo produce personas mejor informadas y con mayor conocimiento de las decisiones. Los que participan en las deliberaciones conocen personalmente los problemas, las alternativas consideradas y los impedimentos que dificultan las decisiones, porque todo eso lo afrontaron personalmente en el proceso de la toma de decisión.
6. Quienes participan en la interacción de grupo desarrollan sus relaciones mutuas. Expresan sus objetivos, ambiciones e intereses. Llegan a un mejor entendimiento. Por lo general, todo eso redunda en una mejora general de las comunicaciones interpersonales.

En resumen, los efectos positivos del proceso de toma de decisiones y solución de problemas en grupo ofrecen mejores soluciones, mayor cooperación en la puesta en práctica y mejor comunicación de las decisiones.

Pero la toma de decisiones en grupo también tiene sus desventajas:

1. La toma de decisiones en grupo tiende a desarrollarse más lentamente que los procesos de toma de decisiones que dependen sólo de un individuo.
2. Como las decisiones en grupo suponen un procedimiento más lento e implican a diversos individuos, las decisiones alcanzadas terminan resultando más costosas. Mientras una persona, trabajando ella sola, podría llegar a una decisión en veinte minutos, un grupo de cinco personas puede tardar una hora en alcanzarla. Los salarios de cinco individuos y el tiempo más largo requerido para el proceso hacen que la decisión de grupo sea mucho más cara (por lo menos considerada en costos inmediatos).
3. No es infrecuente que los esfuerzos grupales terminen en soluciones de compromiso, que no siempre son las decisiones más útiles y beneficiosas. Muchas veces los miembros del equipo decisorio se preocupan más por ser buenos integrantes del equipo que por la calidad de la decisión final. Como resultado, los grupos tienden a aceptar la primera solución sobre la que hay un acuerdo general, en lugar de buscar la mejor solución posible. Suelen aceptar las opiniones de la mayoría, independientemente de si son lógicas y correctas desde el punto de vista científico.
4. La interacción en los grupos suele llevar a la dominación por parte de uno o dos miembros del equipo. El resto del grupo (los dominados) asume una postura de pasividad respecto a las responsabilidades del equipo. Dejan de hacer contribuciones originales a las deliberaciones del equipo, y también pasa a ser mínimo su apoyo a las decisiones que se establecen.
5. Si las decisiones del grupo no se manejan correctamente, pueden producirse conflictos y disarmonías. Como no hay dos individuos que piensen exactamente igual, las interacciones grupales pueden desembocar en mera expresión de diferentes sentimientos y opiniones. Los individuos pueden dedicarse a competir unos con otros en defensa de sus respectivos puntos de vista, en lugar de dedicarse a buscar la mejor

decisión. Eso hace que la acción del equipo no sea tan provechosa como podría ser. Los efectos perjudiciales pueden ser profundos y duraderos.

6. Aunque no siempre sea el caso, el exceso de dependencia respecto del grupo sofoca la capacidad de actuar del líder. En organizaciones donde los equipos se usan para todo tipo de decisiones, los gestores terminan casi sin autoridad. Si las personas que ocupan posiciones de liderazgo se encuentran con problemas que exigen respuestas inmediatas, tal vez no sean capaces de ofrecerlas si la toma de decisión por el equipo invade también el espacio de este derecho.

# 19
# La interacción perfecta del equipo

Las organizaciones desean el trabajo en equipo. Los propios equipos resaltan la cooperación, al trabajar hombro con hombro. Todo el mundo parece saber cómo debe ser. Pero pocos saben cómo lograr que sea una realidad.

En este capítulo vamos a presentar las circunstancias y condiciones que ayudan a los equipos, a los grupos, a las organizaciones, a los departamentos y a las empresas a obtener mejores resultados mediante el trabajo en equipo.

Los resultados están muy influenciados por el tipo de liderazgo que tengan los equipos. Pero también hay que considerar otros factores importantes. Algunos de ellos son:

1. *Objetivos comunes.* Los miembros del equipo necesitan unidad de dirección para poder conjugar sus esfuerzos. Todos los miembros deben saber cuáles son los objetivos y aceptarlos.

2. *Propósito común.* Los participantes trabajarán mejor si tienen no sólo un propósito común, sino también un conjunto de valores personales suficientemente homogéneo. Los grupos formados por individuos ambiciosos y dotados de valores homogéneos muestran reacciones mutuas mas positivas, son más favorables en sus percepciones, más comprometidos en las tareas, y obtienen mayor satisfacción en su trabajo. Las investigaciones indican que esos grupos tienen también un sentido más fuerte de responsabilidad para cumplir las tareas, se comunican con mayor eficiencia y se profesan un mayor respeto mutuo.

3. *Beneficios personales palpables.* Los grupos necesitan ver las ventajas que se van a producir si su empeño logra lo que pretende. Tanto la eficiencia como la satisfacción

aumentan cuando los miembros ven realizados sus objetivos personales debido al éxito del grupo.

4. *Mejor interacción.* Si los miembros participantes mantienen la mente abierta, probablemente tendrán mejor interacción entre ellos mismos. «Mente abierta» significa que los miembros escuchan los puntos de vista de los demás y, con el tiempo, llegan a aceptarlos.

   Son especialmente los líderes quienes necesitan abrir su mente. Si el líder comienza la interacción con ideas preconcebidas sobre los resultados finales, tenderá a manipular la dirección de las actividades y a impedir el buen funcionamiento del grupo. Si ya tiene alguna idea de lo que debe realizar el equipo, el líder inteligente la manifiesta con claridad lo antes posible en la interacción, para que todos los participantes lo sepan.

5. *Tamaño del grupo.* Este aspecto es importante para el buen funcionamiento del grupo. Los equipos eficientes son suficientemente pequeños como para permitir un buen intercambio de ideas, y suficientemente grandes como para posibilitar una diversidad de ideas que estimule la creatividad.

## Estilo de liderazgo

Estudios recientes sobre el liderazgo demuestran que los líderes eficientes no usan siempre el mismo estilo de liderazgo, sino que lo cambian según los casos. Cuando la situación exige un estilo autocrático, lo emplean. Pero son capaces de volver fácilmente al enfoque democrático. Los líderes saben que no existe un estilo que pueda ser considerado como el mejor de todos. El estilo más eficiente es el que resulte más apropiado para una situación determinada. Los estudios efectuados revelan también que los líderes eficientes se hacen a sí mismos cuatro preguntas básicas sobre las situaciones de resolución de problemas y toma de decisiones que afrontan:

1. ¿Puedo resolver todo este asunto sin considerar las ideas, las opiniones y los sentimientos de los demás?

2. ¿Es crucial el que los trabajadores acepten la decisión para poder ponerla en práctica eficazmente? (¿Tengo que tener en cuenta la motivación?).
3. ¿Dispongo de tiempo para conocer las ideas de mis subordinados?
4. Me interesa de verdad desarrollar sus habilidades?

Para responder a las dos primeras preguntas basta con hacer una lista de las cuestiones que afectan a las situaciones problemáticas y de las consecuencias de cada solución. Las situaciones problemáticas pueden clasificarse según indicaremos más adelante.

> Una sugerencia especial para los líderes
>
> Si tienes alguna duda sobre si debes ser autocrático o participativo, responde a las dos últimas preguntas de las cuatro que acabamos de presentar. Si tienes tiempo e interés en que se desarrollen tus empleados, siempre merecerá la pena que les incluyas en los procesos de solución de problemas y toma de decisión.

En su libro *Group Dynamics Training and Improved Decision Making,* Jay Hall y M.S. Williams sugieren que los grupos de solución de problemas y toma de decisiones muestran un rendimiento más eficiente cuando:

1. *Emplean un estilo de liderazgo democrático o participativo,* porque:

    * el clima interpersonal estará relativamente libre de impedimentos basados en el poder;
    * todos los miembros sienten que disfrutan de las mismas oportunidades para influir en los esfuerzos del grupo.;
    * todos tienen posibilidades de desarrollar un liderazgo «emergente», según cuáles sean las experiencias y necesidades del grupo.

2. *Utilizan pautas flexibles de comunicación,* de manera que:

   * todos los miembros participan por igual y gustosamente;
   * Estimulan las opiniones de la minoría y, consiguientemente, es más probable que los miembros exterioricen sus puntos de vista.

3. *Usan el enfoque cooperativo de solución de problemas,* en el que se produce la discusión y no un planteamiento competitivo a ultranza, de modo que:

   * los malentendidos son vistos con objetividad y no afectivamente y, por tanto, son tolerados;
   * los miembros se vuelven más sensibles a las ideas y reacciones de los demás.

4. *Los miembros se tratan más abierta y sinceramente,* de forma que:

   * las «agendas» secretas o las necesidades personales no distorsionan el modo de realizar la tarea;
   * los sentimientos de resistencia o de duda, cuando se experimentan, pueden ser discutidos y resueltos, y no se permite que constituyan obstáculos latentes a la implicación.

5. *Se usan técnicas de decisión que favorecen la distribución de responsabilidades,* de modo que:

   * todos comparten el peso de realizar las tareas y las funciones del mantenimiento del grupo;
   * todos se sienten responsabilizados del éxito del grupo.

Los que desempeñan papeles de liderazgo determinan en gran medida el éxito de los esfuerzos del grupo. En las tareas de solución de problemas y toma de decisiones, los líderes de grupos deben contar con la confianza y el respeto de los participantes, si pretenden contribuir al máximo en el desarrollo del grupo. A veces tienen que actuar con cierto rigor para provocar el interés y lograr la implicación de los participantes.

En otras ocasiones, los líderes recurren al silencio y la observación cuando el grupo funciona de modo satisfactorio. El líder necesita conocer los objetivos por los que debe esforzarse. El líder de equipo tiene la responsabilidad de hacer que los participantes converjan en cumplir sus responsabilidades en la solución de los problemas y en la toma de decisiones.

## Cómo analizar las soluciones problemáticas

Al analizar la situación, los líderes eficientes están dando el primer paso en la solución de los problemas y en la toma de decisiones. Considerando los aspectos de calidad y aceptación, surgen tres clasificaciones:

1. *Requisitos de alta calidad y baja aceptación*

Los problemas en los que el aspecto de la calidad es importante, y el aspecto de la aceptación relativamente menor, por lo general pueden ser resueltos eficazmente por los propios líderes. Les basta con considerar la aceptación después de quedar satisfechos respecto de la calidad obtenida. (Con todo, no pocas veces la participación del grupo mejora la calidad, así que los líderes eficientes nunca prescinden del todo de la participación).

Cuando el líder cree que una situación exige una solución determinada, no puede permitir la participación sin imponer directa o indirectamente sus puntos de vista. Los resultados son mejores cuando el líder proporciona soluciones y hace de la aceptación un objetivo secundario. Cuando el líder está decididamente a favor de una decisión en particular, logra convencer más eficientemente que los líderes de las discusiones.

2. *Requisitos de alta aceptación y baja calidad*

Las técnicas participativas dan mejor resultado cuando los problemas de aceptación pueden llevar las decisiones al fracaso, o cuando la calidad puede aumentar por la relevancia, la experiencia, la competencia o las actitudes de los empleados.

Al usar las técnicas participativas, el líder funciona como líder de discusión y presenta los problemas a los subordinados. El primer objetivo es conseguir que el grupo resuelva sus diferencias a través de la discusión, mientras el líder se mantiene neutral. El líder limita su acción a clarificar, estimulando la discusión, promoviendo la comunicación, proporcionando información y haciendo síntesis apropiadas. El objetivo final es llegar al consenso, si no al acuerdo unánime, a partir de las discusiones libres del grupo. El líder facilita, en vez de resolver.

3. *Requisitos de alta aceptación y alta calidad*

Los líderes que trabajan en solución de problemas y toma de decisiones en grupo descubren que, por lo general, esas decisiones son de una calidad sorprendentemente buena. Sobrepasan no sólo las expectativas de los líderes, sino también lo que éstos podrían lograr por sí solos. Parece exagerado el miedo a que las decisiones tomadas en grupo sean de baja calidad. Sin embargo, si los líderes sienten una cierta ansiedad respecto del resultado, es probable que interfieran en el proceso, en vez de facilitarlo. Por esta razón, sólo los líderes que desarrollan técnicas eficientes de discusión en grupo deben permitir la toma de decisiones por el grupo.

## Cómo conducir las discusiones sobre solución de problemas

Aunque se trata de un proceso complejo, existe una serie de procedimientos eficientes para facilitar la solución de problemas en grupo.

* Antes de comenzar, los grupos necesitan tomar conciencia de la necesidad de llegar a una decisión, así como de las limitaciones concretas de tiempo a que están sujetos. Además, les será útil tener a mano el máximo posible de informaciones significativas.

* Como sería preciso tener mayores pruebas para refutar una hipótesis incorrecta que para encontrar la correcta, los grupos deben evitar el deseo de obtener respuestas rápidas.

* Dirigen sus esfuerzos a superar aquellos obstáculos que la capacidad de cambio del grupo no permite ignorar.
* Consideran a las personas que están en desacuerdo como personas con ideas, no como causantes de problemas.
* Transforman los malentendidos en problemas de situación y los redefinen en términos de necesidades.
* La dominación por parte de una persona (incluso por parte del líder) o por una pequeña minoría reduce la satisfacción y la eficiencia del grupo. Es preciso estimular y motivar la participación de todos los miembros para ampliar las contribuciones y mejorar la aceptación del grupo.
* Los grupos pueden generar soluciones alternativas, presentando las ideas según van surgiendo.
* No se permite evaluar ni positiva ni negativamente las ideas o soluciones hasta que se hayan generado todas las soluciones posibles.
* La solución de problemas es un proceso racional y emocional. Una parte importante de ese proceso implica tratar los sentimientos de los solucionadores de los problemas.

Antes de iniciar el debate para la solución de problemas, los líderes deben determinar el estado de espíritu de los participantes. Si detectan sentimientos de hostilidad o de frustración, deben procurar que se liberen (se expresen) esos sentimientos:

+ escuchando activamente;
+ dando *feedback* a las expresiones de los sentimientos;
+ explorando las respuestas «cargadas»;
+ tolerando el silencio.

Para evitar conclusiones apresuradas, el líder debe:

+ oírlo todo;
+ pedir más aclaraciones o ilustraciones;
+ mostrar una lista de los problemas.

Después de que los miembros expresen sus sentimientos, el grupo debe estar listo para abordar la solución eficiente de los problemas. Dentro de las diversas técnicas descritas, la separación entre la tormenta de ideas *(Brainstorming)* y la evaluación de las mismas parece algo esencial para el uso eficiente de la capacidad del grupo de resolver problemas.

## Sensibilidad permanente

Aunque sean bastante comunes, las discusiones emocionales son muy irritantes y contraproducentes. Cada parte escucha a la otra sólo lo justo para contradecir lo que ha dicho. Los participantes permiten que sus sentimientos controlen sus pensamientos. La discusión racional, por el contrario, se produce cuando los individuos procuran de hecho encontrar soluciones.

Sin embargo, las discusiones irracionales pueden parecer racionales. Las personas expresan el sarcasmo, la sospecha y el resentimiento de maneras bastante sutiles. Y las discusiones racionales pueden parecer irracionales cuando los miembros ponen de manifiesto emociones fuertes e intensas.

Si los líderes desean obtener buenas soluciones con el máximo de aceptación, deben diagnosticar primero el tipo de discusión que se está dando. Si existe emoción, emplean las técnicas adecuadas para reducirla, de manera que los participantes puedan usar plenamente su experiencia, conocimientos y capacidad mental. Por ejemplo, si algunas personas están preocupadas por la posibilidad de perder el empleo, debido a los cambios que se sugieren, no escucharán los argumentos racionales sobre los beneficios de dichos cambios. Necesitan resolver sus temores antes de poder entrar en el proceso efectivo de solución de problemas.

A pesar de que ambos procesos de la discusión —resolver los sentimientos y facilitar la solución de los problemas— parezcan ser los estadios primero y segundo de una discusión, ello no impide que los sentimientos sigan alimentándose durante la discusión de los diferentes aspectos del problema. Frecuentemente se descuidan las presiones que la carga emocional ejerce sobre las ideas y los resultados de las decisiones. Los líderes necesitan ser sensibles a los sentimientos existentes tras las observaciones, y estar prontos a explorarlos siempre que se manifiesten. Las discusiones que no llegan a las verdaderas causas producen pocos frutos, porque sólo tratan los síntomas.

## Auto-estudio para que pienses

Como líder, deseas que haya una buena interacción entre los miembros del grupo. ¿Lo consigues siempre? ¿Casi siempre? ¿Algunas veces? ¿Casi nunca? Vuelve al comienzo de este capítulo y lee de nuevo los cinco estilos de liderazgo. ¿Cuál de ellos te pareció más eficaz cuando lo usaste? (Quizá no lo uses con la frecuencia suficiente). ¿Cuál de ellos te parece menos eficiente (aunque lo uses con frecuencia)?

¿Me agrada mi estilo de liderazgo? ¿Soy flexible en mi liderazgo? ¿Insisto en seguir un solo camino?

Estas preguntas son para que las pienses en particular. La próxima vez que participes en un grupo para la solución de problemas, anota mentalmente los estilos de liderazgo que uses y su eficacia. Finalmente, pregúntate a ti mismo: ¿Soy capaz de percibir las situaciones en las que un estilo diferente habría dado mejores resultados?

# 20
# Discusión para la resolución de problemas

¡Libertad para expresar sentimientos y opiniones! Todos la queremos, y todos necesitamos de ella. Vivimos en un mundo de creciente igualdad, y percibimos lo importante que es para los individuos tener la posibilidad de expresar su manera de afrontar las situaciones.

Cuando llegan a expresar con libertad sus sentimientos, los miembros del grupo pueden comenzar a resolver objetivamente los problemas. Los líderes presentan con nitidez los problemas. Y usan las siguientes técnicas para resolver los problemas en discusión:

## 1. *Separar la obtención de ideas de la evaluación de ideas*

Es frecuente que este paso se dé de la siguiente forma: el líder (o alguien por él designado) anota las ideas que todos van sugiriendo. Estas ideas se convierten en «propiedad pública» y, a medida que van siendo oídas o leídas, se van convirtiendo en peldaños que facilitan la obtención de nuevas ideas. Cuando ya no hay más ideas, el grupo comienza a evaluarlas. Los líderes eficientes no permiten criticar las ideas mientras dura su flujo y dan tiempo abundante para que cada persona pueda ofrecer sus sugerencias. Sólo entonces se pasa a examinarlas. La evaluación elimina las ideas extravagantes, porque generalmente es difícil protegerlas de las críticas.

## 2. *Transformar los desacuerdos en ideas alternativas*

Con esta técnica, los líderes pueden hacer un uso constructivo de la discordancia. Cuando surgen objeciones a una idea, se pone una interrogación junto a la palabra que la expresa.

El grupo sabe que, más tarde, cada una de las ideas que lleven esa señal será revisada y evaluada.

Las ideas que parecen ser inapropiadas pueden llevar a otras ideas mejores. Además, cuando la discordancia es fuerte, los líderes actúan como mediadores, para transformar los ataques personales en problemas localizados, haciendo que los comentarios se sitúen en términos más objetivos.

Por ejemplo, uno de los participantes, Juan, puede decir: «¡Nunca oí idea más disparatada! ¡Los resultados serán desastrosos!» En vez de poner paños calientes sobre las emociones, el líder eficiente reafirma lo dicho por Juan, resituándolo: «Es claro, mi querido Juan, que te opones a la sugerencia de Roberto; pero pienso que debemos detenernos en ella, pues está en la lista; ¿por qué no explicas mejor tu punto de vista?»

### 3. *Redefinir los conflictos*

Muchas veces las personas confunden necesidades con soluciones. Comprar un coche es una solución; el transporte es una necesidad. Generalmente es posible satisfacer necesidades, pero puede ser imposible poner en práctica una solución particular. Por ejemplo, imaginemos a dos personas que desean usar el único coche disponible. Por lo general, ambas pensarán en soluciones competitivas («Necesito ese coche». «No, no lo necesitas». «Voy a llevármelo»...). Si esas dos personas se tomaran el trabajo de escuchar activamente las necesidades del otro, seguro que llegarían a una solución satisfactoria para ambas partes.

Es fácil desembocar en concesiones o que cada cual «reduzca» sus pretensiones, a menos que cada una de las partes tenga tiempo suficiente para explorar las necesidades de la otra. Por ejemplo, una de ellas sugiere: «Me quedo yo con el coche por la mañana, y tú lo usas por la tarde». Aunque pueda tener buen aspecto, este tipo de solución apresurada conlleva por lo general la pérdida de algo por cada una de las partes. Una solución creativa debe satisfacer las necesidades básicas de ambas con el mínimo de costo para cada una.

4. *Certificar, en busca del consenso*

Antes de seguir adelante, procura saber si todos encuentran aceptables las soluciones propuestas. El consenso del grupo se hace posible cuando todos los participantes contribuyen con sus ideas y sentimientos, y todos participan en la decisión final. Cuando el grupo llega al consenso, se puede tomar la decisión.

«Consenso» no significa que todos coincidan hasta en los más mínimos detalles, sino que un número suficiente de participantes está a favor de la decisión, de forma que ésta se puede llevar a la práctica. Los demás participantes entienden al menos la decisión y se manifiestan dispuestos a colaborar en su puesta en práctica, sin crear obstáculos. La solución de problemas y toma de decisiones por consenso no es por votación.

Si se llega al consenso (y no hay que darlo por conseguido mientras no se tenga la casi absoluta certeza de haberlo hecho), los miembros del grupo expresan esa posibilidad y proceden a dar el paso siguiente. Si no existe consenso, darlo por cierto produce automáticamente discusiones más profundas.

Cuando todos los participantes expresan su acuerdo, el líder dice: «¿Estamos listos para aceptar la solución "X"?» (Todos responden a coro: «Sí»).

Si hay alguna señal de incertidumbre, el líder pregunta: «¿Y tú, Carlos?... ¿Y tú, Andrés?»... (Estos dos no habían respondido afirmativamente a una con el grupo). «¿Alguien no está de acuerdo?... Si todos estamos de acuerdo, estamos preparados para dar el siguiente paso... ¿Pedro, estás dispuesto?...»

5. *Controlar las compuertas*

Con esta expresión nos referimos al control del flujo de ideas en la discusión en grupo. En cierto sentido, los líderes actúan como guardias de tráfico, tratando de evitar la colisión de ideas y procurando garantizar que todas ellas lleguen a su destino sin demoras innecesarias.

Los líderes eficientes desean aceptar todas las ideas y orillan por algún tiempo las orientadas a resolver otros problemas. Pueden escribir las ideas irrelevantes en una esquina del encerado, garantizando al grupo que serán examinadas después, si los dueños de esas ideas están de acuerdo. (Sus ideas pueden ser pertinentes). Lo más importante es que el líder se asegure de que no se perderá ninguna idea en medio de una discusión acalorada.

6. *Sintetizar ideas*

Un miembro del grupo lanza una idea en «crudo». Alguien la recoge y la desarrolla un poco. Un tercer miembro hace algunas sugerencias al respecto. No falta nada para que el grupo produzca una idea innovadora, en la que ningún miembro habría sido capaz de pensar por sí solo. Esto sucede cuando el líder crea un ambiente abierto, no amenazante ni evaluativo, en el que bullen las ideas:

* respetando el silencio, para que los participantes puedan pensar;
* evitando evaluaciones prematuras;
* registrando todas las ideas, a medida que se van presentando;
* reforzando comportamientos constructivos sobre las ideas originales;
* no exponiendo sus propias ideas antes de que los otros comiencen a manifestarse.

7. *Hacer resúmenes periódicos*

Cuando son necesarios, los resúmenes periódicos sirven para diversos propósitos:

* resituar la discusión en el camino correcto (concreta el objetivo);
* evitar los malentendidos (resume los largos discursos);
* mejorar las comunicaciones dentro del grupo (reduce el abanico de intenciones);

* mejorar la capacidad de escucha del líder (le obliga a prestar atención y a captar el significado de la discusión);
* hacer revisiones periódicas (hace el inventario de las aportaciones de los miembros);
* indicar y medir el progreso rumbo al objetivo;
* dividir un problema en diversas partes (permite que la discusión se oriente a otro aspecto del problema, resumiendo los puntos en que hubo acuerdo y dejándolos de lado por un tiempo).

## Cómo evaluar las soluciones

Después de que se han presentado todas las ideas, el grupo evalúa las soluciones propuestas y escoge una solución final. En algunos casos, las soluciones alternativas son limitadas, de manera que el proceso puede darse tras un breve espacio de tiempo dedicado a la resolución de los problemas.

Generalmente, el grupo examina las consecuencias de cada solución propuesta. Puede hacerse la evaluación de criterios como los costos, el tiempo, los efectos colaterales indeseables, los subproductos valiosos, la limitación de los recursos, los riesgos que se corren y (finalmente) el grado de aceptabilidad.

El líder puede recurrir a distintos enfoques a lo largo del proceso de evaluación, dependiendo de la complejidad del problema, de la cantidad de discordancias existentes y del número de soluciones propuestas.

1. *Cuando existen dos o más soluciones propuestas, se examinan las ventajas y desventajas de cada una de ellas.*

Para usar esta técnica, el líder debe anotar en el encerado cada una de las soluciones propuestas y, debajo de ellas, abrir dos columnas, una para las «Ventajas» y otra para las «Desventajas».

### *Solución n. 1: Ventajas/Desventajas*

El líder va haciendo con el grupo la lista de todas las ventajas de una solución. Cuando ya no salen más, se hace lo mismo con las desventajas. Se pasa luego a la solución siguiente y se hace lo mismo...

> UNA SUGERENCIA PARA LOS LÍDERES
>
> Sintetiza cada punto. No importa la extensión de la lista. Lo importante es que el grupo considere públicamente ambos aspectos de cada cuestión, para su evaluación final.

El valor de esta técnica radica en el hecho de centrarse cada vez únicamente en los aspectos positivos y negativos de la solución. En lugar de dividirse el grupo en dos o tres partes (a favor, en contra, neutral), el equipo como un todo hace aportaciones a ambos aspectos. Generalmente, cada persona hace aportaciones a ambas columnas.

Esta técnica reduce al mínimo los ataques personales, al igual que las discusiones del tipo «sí, pero...» (este tipo de discusión se da cuando una de las partes interrumpe a la otra, diciendo «sí» y contradiciéndola luego con un «pero...» que da paso a una crítica de las ideas que estaba exponiendo).

Después de explorados los aspectos positivos y negativos de todas las soluciones, se puede discutir la mejor manera de evitar las desventajas sin perder las principales ventajas. Esta clase de discusión produce el interés mutuo de todos los participantes y, por tanto, se convierte en una buena base para la solución cooperativa de los problemas y la toma de decisiones.

Una ventaja final: las propias listas contienen criterios. Y se pueden seleccionar criterios frecuentemente olvidados.

### 2. *El grupo explora las evidencias de apoyo*

Si los grupos basan las soluciones en hechos evidentes, y no en retorcer o manipular los acontecimientos para que se ajusten a las soluciones preferidas por ellos, tendrán muchas posibilidades de éxito. El fracaso en el empleo de hechos eviden-

> Otra sugerencia sólo para líderes
>
> A veces, los miembros del grupo tratan de hacer que el líder decida sobre la mejor solución. Evita esta tentación, porque origina situaciones de alternativas radicales. Sea cual fuere la solución que escojas, algún grupo de personas «pierde». Si éstas habían invertido energía y emoción en su propuesta, van a tratar de tomar represalias para «mantener el prestigio». A veces practican sabotajes contra las soluciones «vencedoras», y la organización acaba perdiendo.

tes se produce cuando se comprueba la falta de calidad de las soluciones individuales, debido a que eran soluciones basadas en opiniones personales.

Para centrar la atención en hechos evidentes, los líderes transforman la discusión en una evaluación de las diversas soluciones, pidiendo a los participantes que proporcionen evidencias de apoyo. Van subrayando las soluciones que no tienen apoyo en los hechos y las apartan, durante algún tiempo, como soluciones secundarias.

### 3. *Los «impasses» deben usarse de manera constructiva*

El conflicto sobre las evidencias reales suele llevar a discusiones improductivas. Los líderes eficientes sugieren que los puntos de vista conducen a «impasses» porque cada solución se basa en evidencias aceptables, pero opuestas. Este método de cancelar los hechos que están en conflicto permite que la discusión prosiga fijándose en otros hechos que apoyan las soluciones que se están considerando, o que los líderes presenten nuevas soluciones.

Con todo, los líderes eficientes deben distinguir bien entre los conflictos sobre hechos de apoyo y el simple desacuerdo. Saben perfectamente que una desaprobación no es una evidencia.

Este procedimiento funciona mejor cuando hay bastante controversia respecto de pocas soluciones.

4. *Se exploran los nuevos problemas creados por las soluciones*

Lo más obvio de los nuevos problemas creados por una solución dada a un problema inicial es el costo o los riesgos de su puesta en práctica. Los grupos deben explorar todos los nuevos problemas que introduce cada solución, para determinar su viabilidad. Como muchos grupos descuidan los nuevos problemas que se crean al aplicar nuevas soluciones, el líder eficiente debe desarrollar un esfuerzo sistemático en orden a evaluar todas las soluciones teniendo en mente los problemas que pueden crear, incluyendo el de su aceptación o no por los subordinados. Buscan respuestas a estas preguntas:

* «¿Puede haber algo equivocado?»
* «¿Quién podría ofrecer resistencia?»
* «¿Qué podría impedir que esta solución fuera una realidad?»

## Autotest

Cuando tratas de llegar a soluciones por medio de la participación del grupo, ¿qué errores cometes? (a la luz de este capítulo). ¿Qué cosas haces bien? Parece que son muchas las personas que usan métodos que no funcionan de manera eficiente e insisten en seguir aplicándolos. Los líderes eficientes corren riesgos y experimentan nuevos estilos, aprendiendo de sus errores.

Pensando en tus experiencias pasadas, ¿puedes recordar al menos dos cosas que hayas aprendido al tratar de llegar a soluciones en grupo? Haz una lista de ellas.

Repasando este capítulo, ¿descubres en ti al menos un punto débil cuando intentas que el grupo alcance el consenso? Si lo ves, escríbelo y decídete a poner todo tu empeño para mejorarlo en el futuro.

Mi punto débil es:

# 21
# Escoger la solución

¿Has formado parte de un grupo en el que se creó una situación a la que no sabías encontrar una respuesta? Pero... alguien habló... y luego otros... Minutos después, todos (también tú) veíais la respuesta obvia. «¿Por qué no pensé en ello antes?», te preguntaste.

Experiencias de este tipo pueden no ser frecuentes, pero ocurren. El grupo hace una docena de sugerencias, pero todos acaban comprendiendo que sólo una se ajusta al problema. Eso facilita la tarea de escoger. Es mucho mejor escoger una solución basándose en la superioridad que manifiesta que tratar de encontrar una solución mediante la eliminación de las demás basándose en los puntos débiles que tengan. (Es mejor hacer una elección positiva que una negativa por eliminación de las que consideramos inaceptables). Se evita así el comportamiento defensivo y la necesidad de mantener el prestigio, actitudes en las que podrían incurrir quienes sugirieron las soluciones. Cuando un grupo tiene buenas alternativas, no necesita rechazar las menos interesantes.

En este capítulo final, quiero darte pistas para que puedas ayudar al grupo a escoger una solución. (Ya te he ofrecido parte de los materiales al efecto, pero voy a insistir en ello, dada su relevancia). He aquí cuatro cosas importantes que hay que hacer:

1. *Exponer abiertamente los temores:* Los miembros del grupo necesitan expresar sus temores sobre cualquier solución que se proponga. Al exponerlos abiertamente, pueden evaluarlos realísticamente. Los demás pueden percibirlos y sugerir medidas de protección.

2. *Integrar las soluciones alternativas:* No pocos grupos que funcionan bien descubren que pueden asumir las dos

mejores sugerencias e intentar hacer diversas combinaciones. A través de la revisión e integración de las soluciones, surgen ideas nuevas. Generalmente es más fácil integrar las soluciones cuando los grupos tienen muchas opciones, porque varias de ellas probablemente cuentan con elementos comunes. Cuando los miembros producen pocas soluciones de buena calidad, puede que no sólo sea difícil seleccionar la mejor, sino también integrar dos de ellas. Hay dos situaciones que reclaman tentativas de integración:

A. El grupo localizó los obstáculos para la solución del problema, pero ninguna de las soluciones satisface a nadie. En este caso, es preciso salir del cerco. Y es posible hacerlo mediante la combinación de dos o más de las soluciones encontradas.

B. El grupo está formado por dos facciones bien diferenciadas. Si logran presentar una solución alternativa que incorpore elementos de ambas partes, no sólo será mayor la probabilidad de aceptación, sino que quizá les sea posible incluso dar con una solución mejor.

Los miembros de los grupos deben recordar que la integración de ideas suele aparecer repentinamente, como producto de la interacción mutua del grupo. No pueden forzarlas, pero sí pueden prepararla manteniendo su mente abierta a nuevas combinaciones y apoyando las tentativas de combinar soluciones cuando se produzcan.

3. *Propiciar el consenso.* Los grupos eficientes consideran que el no llegar a un acuerdo es responsabilidad de todo el grupo, no sólo del líder. También el grupo debe afrontar las discordancias. Sus miembros pueden decidir aceptar la opinión de la mayoría, o que sean los líderes quienes tomen la decisión final. Pero los líderes eficientes tienen como objetivo el consenso. Este objetivo les hace preocuparse más por proteger las opiniones de la minoría, procurando no mostrar su favoritismo por la dirección que marca la mayoría.

4. *Proteger las opiniones minoritarias.* Para contrabalancear los puntos de vista opuestos, los líderes protegen a

los individuos atacados, especialmente a los más débiles. El líder reformula los ataques personales, de modo que se transformen en ideas discordantes y no en conflictos personales. Y protege hasta las mismas expresiones de la minoría. Las explicaciones de los problemas y los inconvenientes que sienten las minorías, como resultado de ciertas soluciones, pueden pesar más que las preferencias de la mayoría. El grupo, en todo su conjunto, explora todas las posibilidades y trata de satisfacer las necesidades de la minoría. La satisfacción ante una decisión no representa sólo una oportunidad para seguir participando, sino también para descubrir si los miembros están satisfechos con el influjo que han ejercido en la decisión final.

### Haz un resumen de las decisiones

1. *La decisión final.* Cuando va precedida de un intercambio franco de ideas, parece fácil decidir el camino concreto a seguir. Es frecuente que a partir de la discusión abierta y libre surja una opinión claramente superior a las demás. Sin embargo, aun así, los grupos eficientes todavía no consideran necesariamente esa decisión como decisión final. Se preguntan (o sus líderes pueden preguntar): «¿Estamos dispuestos a intentar esta solución?».

   Por lo general, las decisiones que exigen acción proporcionan mucho mayor satisfacción y provocan una sensación de realización, compromiso y responsabilidad. En caso contrario, los miembros tienen muchas veces la sensación de estar perdiendo el tiempo. Cuando tienen que afrontar un problema muy complejo o necesitan mayor información, el hecho de llegar a tal conclusión lo consideran como una decisión, y se quedan tan satisfechos, aunque la conclusión no sea una acción decisoria. A la hora de resumir, el líder subraya los puntos sobre los que hay acuerdo. Para garantizar el progreso en todas las ocasiones, el líder eficiente distribuye copias impresas de los resúmenes al comienzo de cada discusión.

2. *Traducir la decisión en acción.* Muchas veces, las decisiones acaban revelando más tarde algún malentendido

con respecto a ciertos detalles. Para facilitar una comunicación exacta de la decisión, los grupos necesitan resúmenes detallados que ofrezcan a los participantes la oportunidad de incrementar, eliminar o corregir los malentendidos.

Cuando los grupos alcanzan un acuerdo sobre el resumen de la decisión, escriben una lista detallada de los *Objetivos de su puesta en práctica*, explicando:

* la acción necesaria y la secuencia en que hay que dar los pasos;
* los recursos exigidos;
* quién es responsable de cada paso;
* las pautas a seguir;
* los plazos de tiempo.

Veámoslo en detalle.

*Pasos necesarios:* El grupo necesita tener una lista de los pasos que han de darse para llevar adelante la solución. Es útil trabajar hacia atrás, paso a paso, partiendo del resultado deseado y pasando por los medios («cómo hacerlo»). Los líderes pueden delegar responsabilidades para descubrir cómo alcanzar los diversos objetivos. Esto ayuda a que también los miembros desarrollen habilidades de liderazgo.

*Recursos necesarios.* El grupo necesita tener una lista de los recursos necesarios para poner en práctica la decisión (esto es, materiales, equipamiento, personal...).

*Responsabilidad sobre cada paso.* El grupo necesita coordinar las atribuciones, para tener bien claro a quién compete la responsabilidad de la realización de cada paso y cuál es su secuencia.

*Pautas.* Los grupos necesitan contar con pautas puestas por escrito en términos concretos y «mensurables» en su cantidad y calidad.

*Plazos.* Los objetivos de realización requieren plazos. Si se basan en pasos a dar, cada paso necesita tener un plazo concreto.

Los líderes necesitan responder a estas cuestiones de una manera participativa y en la que los objetivos de rendimiento sean:

* objeto de mutuo acuerdo;
* realistas (tangibles);
* puestos por escrito.

Es preciso realizar reuniones de acompañamiento para evaluar el progreso en la puesta en práctica de la decisión y, si va bien, apoyar aún más a los responsables. Si los resultados no colman las expectativas, será preciso realizar nuevas reuniones para la resolución de problemas, y quizá hasta haya que revisar la decisión en todo su conjunto.

## EJERCICIO:
## Solución de problemas y toma de decisiones en grupo

Indicamos a continuación los pasos que todos los líderes y sus grupos deben aplicar para la solución eficiente de cualquier problema. Por muy sencillo o muy complejo que pueda ser el problema, la omisión de cualquiera de los pasos significa que su solución es cuestión de suerte. Los pasos se dan en secuencia, pero es posible que necesites ir hacia adelante o hacia atrás, en esa lista, cuando el problema se vaya esclareciendo o surjan nuevos datos.

El líder y los miembros escogen un problema real que estén abordando y siguen estos pasos. Antes de dar el primero, es bueno que el líder del grupo verifique si los miembros son conscientes de la importancia de participar en el proceso de solución del problema. Si los miembros no ven ventaja alguna en el resultado, limitarán su dedicación. El grupo puede hacerse estas preguntas:

* ¿Hasta qué punto estamos dispuestos a afrontar el problema y a aceptar las consecuencias?
* ¿Estamos emocionalmente preparados?
* ¿Hasta qué punto están representadas las personas dotadas de especial competencia en las áreas del problema que vamos a afrontar?

* ¿Hasta qué punto están representadas las personas que se verán afectadas por las decisiones resultantes de la solución del problema?

### *Primer paso. Identifica y define el problema*

Un problema es una dificultad o una cuestión no resuelta que impide que las personas hagan lo que quieren o necesitan hacer. Muchas veces tratamos los síntomas y no las enfermedades; describimos la situación, pero no definimos el problema. La naturaleza del problema subyacente debe ser clara para todas las personas implicadas en la búsqueda de su solución y en las consecuencias. En el primer paso debemos centrarnos en entender la verdadera naturaleza del problema:

* ¿Qué es lo que indica que existe un problema?
* ¿Para quién representa un problema?
* ¿Qué tipo de problema es? (de actitudes, de comprensión, de competencia).
* ¿Hasta qué punto las personas implicadas perciben y entienden el problema?
* ¿Qué parece estar pidiéndonos el problema?

Al identificar el problema, los miembros del grupo deben convertirlo en lo más concreto y específico posible. Éste es el paso más difícil en los procesos de solución de problemas y toma de decisiones. Con frecuencia se toman los «efectos» por las «causas»; se confunde el resultado externo del problema con la causa radical que lo origina.

Por ejemplo, consideremos la rotatividad de los empleados. Muchos gestores creen que el verdadero problema es la propia rotatividad. Lo cierto es que la rotatividad es un síntoma de otra dificultad subyacente. Es el resultado visible (efecto) de problemas como una mala gestión, un trabajo repetitivo y aburrido, unos salarios inadecuados y unos criterios no apropiados de contratación (causa). Si identificamos la rotación como el problema, cualquier acción que adoptemos en busca de una solución estará afrontando sólo los síntomas, y tal vez no lleguemos nunca a atacar el verdadero problema.

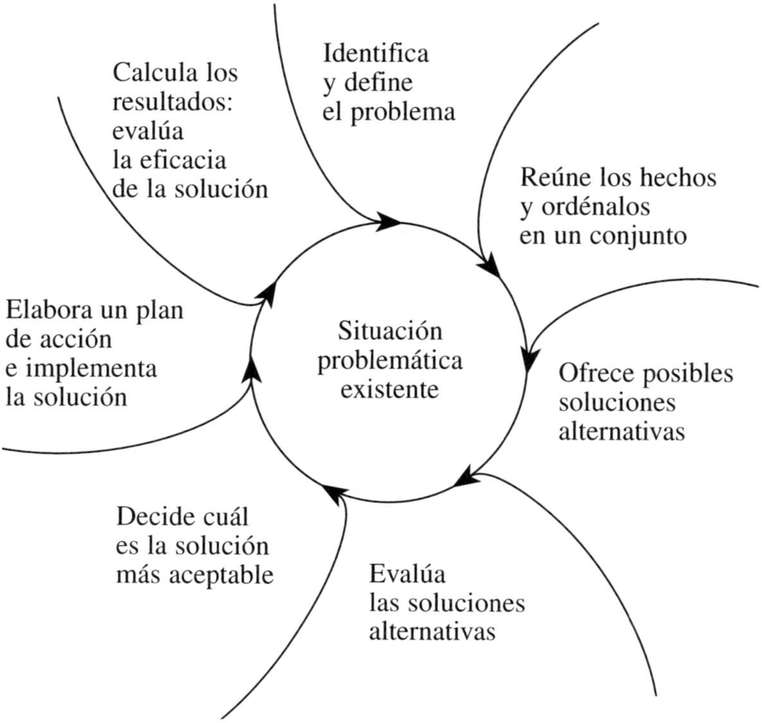


Una vez identificado el problema, el líder lo expone con la mayor claridad posible para que todos lo entiendan. El grupo podrá considerar cuestiones menores, pero jamás pierde de vista el problema principal, el cual puede incluso cambiar. Si tal cosa sucede, el grupo necesitará reconocer qué cambios se están produciendo, y aceptarlo por consenso.

*Segundo paso. Reúne los hechos y ordénalos en un conjunto*

Los grupos necesitan verificar sus fuentes de información sobre los hechos. En el caso de la rotatividad de los empleados, los trabajadores implicados son fuentes de información, casi siempre descuidadas. Los que están muy próximos a la operación o proceso casi siempre tienen ideas sobre lo que debería hacerse para eliminar el problema. Los líderes más experimentados prestan atención a las sugerencias de esos individuos.

¿Cuántos hechos necesitan las personas para resolver un problema? La misma situación determina la cantidad necesaria de información. Sin embargo, los líderes nunca disponen de todos los hechos. Quienes, para seguir adelante, esperan a disponer de todas las informaciones, acaban por lo general sufriendo «la parálisis del análisis».

Un mejor enfoque consiste en hacer que el grupo procure el desarrollo de las tendencias y la formación de pautas que indiquen que la información va empezando a encajar en su lugar adecuado. Sin embargo, en el estadio inicial de la recogida de datos para resolver problemas, es preciso tener cuidado de no dejar de lado algunas informaciones porque puedan parecer irrelevantes.

Una vez reunidos los hechos, los miembros deben preguntarse:

* ¿Ya ocurrió esto en ocasiones anteriores?
* ¿Por qué ocurrió?
* ¿Quién es responsable del incidente?
* ¿Es un problema de carácter técnico o humano?
* ¿Cuál es la magnitud potencial del problema, si queda sin solución?

Las preguntas dependen del tipo de problema. Los grupos eficientes se hacen preguntas «arriesgadas». Investigan. Analizan. Finalmente, los hechos comienzan a tomar forma. Experimentan algo parecido a lo que sucede al ir montando un rompecabezas. Se comienza por los extremos o por las piezas más fáciles de reconocer, y gradualmente se va ajustando pieza tras pieza hasta que se forma el cuadro.

Necesitan recordar que las opiniones, actitudes, sentimientos y percepciones pueden interferir en su manera de interpretar la información sobre los hechos. Si sucede eso, todo puede quedar cuestionado.

*Tercer paso. Ofrece posibles soluciones alternativas*

Este paso incita a los individuos a ofrecer sugerencias sin miedo al rechazo o a la evaluación negativa de sus ideas. Los miembros del grupo presentan todas las sugerencias que puedan. Éste es un paso creativo, que se da para generar alternativas y no para evaluarlas. Los miembros deben suspender el juicio crítico:

Aportación creativa... Nadie dice «no».
Aportación creativa... Nadie dice «Eso no está bien».
Aportación creativa... Nadie dice «Eso ya se hizo antes».
Aportación creativa... Nadie dice «Eso es una ingenuidad».

Deben desarrollarse las suficientes alternativas como para que el grupo pueda considerar toda la gama de posibilidades. En algunos casos pueden bastar tres o cuatro. En otros casos, pueden llegar a seis o siete. Por lo general, la naturaleza y complejidad del problema sugiere el número de alternativas a desarrollar. Las investigaciones indican que la calidad de la decisión final es proporcional al número de soluciones posibles que ha considerado el grupo.

Los miembros del grupo deben considerar también otra alternativa posible: la de no hacer nada de momento. Para ello, los líderes y miembros del grupo deben preguntarse a sí mismos: ¿Qué sucederá si no hacemos nada? ¿Pueden deteriorarse las condiciones actuales? ¿Mejorar? ¿Desaparecer? Decidir no hacer nada es también una decisión válida.

*Cuarto paso. Evalúa las soluciones alternativas*

Es aquí donde el juicio crítico es importante. Las sesiones de *brainstorming* sugieren una amplia gama de posibles soluciones. Ahora se discuten esas sugerencias y se seleccionan las que son dignas de ser consideradas.

Si no se hizo en el paso anterior, los miembros tratan de entender mejor las sugerencias propuestas. Buscan aclaraciones, ofrecen ejemplos y ampliaciones.

Examinan con cuidado las soluciones alternativa, y abandonan las inadecuadas. Se reducen las opciones a tres o cuatro, calculadas con el máximo rigor.

Se evalúan las alternativas que quedan, respecto a su viabilidad, oportunidad, recursos, costos, personal y aceptabilidad.

El líder pregunta cuál de esas soluciones parece ser la mejor, o si una de ellas es mejor que las demás. Los miembros del grupo deben ser abiertos y sinceros al expresar sus sentimientos.

En la realidad cotidiana de la organización, no siempre son aplicables las mejores soluciones. Los líderes perceptivos y sus grupos tendrán que escoger la solución que crean más práctica y satisfactoria, y dar lo mejor de sí para que tenga éxito. Los líderes y miembros deben considerar también las consecuencias que producirá su solución al ser puesta en práctica. Por ejemplo, puede reducir costos de producción mediante la reducción de la fuerza de trabajo. Pero si la productividad de los trabajadores restantes disminuye, porque con eso pierden moral, la solución (cura) podrá producir un problema (enfermedad) aún peor.

Cuando no se logra llegar a una solución aceptable, el grupo puede:

* Decidir rebajar sus aspiraciones y reconsiderar otra de las soluciones que previamente se han considerado aceptables.
* Modificar o combinar varias sugerencias o soluciones.
* Darse un tiempo y seguir buscando una solución adecuada.

*Quinto paso. Decide cuál es la solución más aceptable*

A estas alturas, es frecuente que, con toda naturalidad, se desprenda de la discusión una solución como claramente superior. Este paso implica seleccionar la mejor solución que todos consideran aceptable. He aquí algunas sugerencias para llegar a una decisión final:

A. Comprueba las soluciones restantes para determinar su funcionalidad. Asegúrate de los sentimientos de los miembros: «¿Estamos todos satisfechos con esta solución?»

B. Los miembros pueden no estar completamente seguros, y tal vez tengan que actuar con incertidumbre sobre bases experimentables. En estos casos, no es preciso que consideren la solución adoptada como solución final: «Parece que estamos de acuerdo en esta solución. Vamos a ponerla en práctica, y ya veremos si de hecho resuelve nuestro problema».

### *Sexto paso. Elabora un plan de acción e implementa la solución*

Hacer efectiva la solución elegida exige un plan de acción cuidadosamente elaborado. Las personas no pueden llevar adelante un plan si no saben qué se espera de ellas. Los miembros se hacen preguntas como éstas:

* ¿Qué hay que hacer?
* ¿Quién lo va a hacer?
* ¿Quién va a hacer cada cosa?
* ¿Cuándo lo va a hacer?
* ¿Cuándo va a terminarlo?
* ¿Qué recursos son necesarios?
* ¿Cuáles son los próximos pasos probables?

Los miembros tienen que ser muy concretos. De nada sirve tratar de aplicar planes de acción llenos de vagas generalidades. Es preciso tener recursos disponibles (tiempo, personal, informaciones, dinero) para lo que hay que hacer.

También es preciso implementar el plan con la máxima rapidez posible para que se produzcan todos sus beneficios y se elimine el problema que se pretende corregir.

Sin embargo, los miembros del grupo deben modificar y preparar a las personas que quedarán afectadas por la implementación de la solución. La solución tendrá que afrontar menos resistencias y tendrá más posibilidades de éxito cuando todas las personas implicadas sepan por qué, cómo, cuándo, dónde, en qué y quién se verá afectado. Los grupos eficientes también desarrollan planes de emergencia que salgan al paso de los problemas ante de que se produzcan.

UNA SUGERENCIA PARA LOS LÍDERES

No es el cambio en sí el que irrita a las personas, sino la manera n que como se implementa.

*Séptimo paso. Calcula los resultados*

Los líderes más experimentados calculan periódicamente todo el conjunto de la implementación de una solución para verificar si está produciendo los resultados esperados. Algunos planes de acción no resisten la acción del tiempo, sea total o parcialmente. Las soluciones que mejor apariencia tienen sobre el papel no siempre funcionan tan bien como sería de esperar.

* Señala fechas para la evaluación. ¿Quién la hará? ¿Cómo?
* ¿Es eficaz la solución?
* ¿Seguimos estando satisfechos? ¿Hay partes que necesitan reelaborarse? A la luz de los nuevos datos recibidos, ¿tenemos que hacer modificaciones?

Pocos problemas se resuelven del todo. No es infrecuente que la acción adoptada descubra nuevos problemas y que el proceso comience de nuevo. Eso provoca dudas:

* ¿Se ha producido alguna mejoría estable?
* ¿Hasta qué punto fueron adecuados nuestros procesos de solución del problema?
* ¿Estamos aprendiendo de la experiencia?
* ¿Qué nuevos problemas hemos conseguido identificar?

## PENSAMIENTOS FINALES

¿Puedes decir que eres un líder? ¿Con sinceridad? Ésta es una de las mejores pruebas del verdadero liderazgo: nadie puede dar lo mejor de sí en el liderazgo de otras personas mientras no conozca su habilidad real para ello. Y acrecentamos nuestra habilidad cuando adquirimos conocimientos y técnicas. Y todo eso lo aumentamos con la *experiencia.*

En este libro he tratado de ofrecerte conocimientos, informándote sobre cómo liderar. Te he ofrecido el material necesario para que aprendas las técnicas y habilidades propias para liderar a otras personas.

Como líder real o en potencia, debes poner en práctica los materiales de este libro. *Puedes liderar a otras personas.* Si las personas de tu organización reconocen tu capacidad, tienes que aceptar tu habilidad como líder.

Independientemente de todo el material que yo pueda ofrecer, no puedo convertir a nadie en un líder. Pero, cuando nos entregamos al servicio de Dios y usamos las habilidades que poseemos, Dios nos ayuda a liderar (servir) a otras personas.

80025 75540